Wolfgang Pauls

Kommissar Spaghetti

und die Schulweglümmel

Wolfgang Pauls, geboren 1948, ist Diplom-Psychologe und seit 1985 freiberuflicher Schriftsteller. Neben zahlreichen Kinderbüchern schreibt er auch Hörspiele und Drehbücher fürs Kinderfernsehen. Weitere Titel von Wolfgang Pauls bei dtv junior: siehe Seite 109

Hans-Jürgen Feldhaus, geboren 1966, studierte Grafik-Design und ist für verschiedene Verlage tätig. Er arbeitet als freischaffender Grafiker in einem Team in Münster.

Wolfgang Pauls

Kommissar Spaghetti

und die Schulweglümmel

Mit Zeichnungen von Hans-Jürgen Feldhaus

Deutscher Taschenbuch Verlag

Ungekürzte Ausgabe
In neuer Rechtschreibung
August 2000
Deutscher Taschenbuch Verlag GmbH & Co. KG, München
www.dtvjunior.de

ISBN 3-451-70003-4
Umschlagbild und Umschlagtypografie:
Hans-Jürgen Feldhaus
Gesetzt aus der Baskerville 12/14'
Gesamtherstellung: Kösel, Kempten (www.KoeselBuch.de)
Printed in Germany · ISBN 3-423-70581-7

Auch in diesem Band sind wieder mit dabei:

Kommissar Spaghetti …

… heißt eigentlich *Giacomo Pomeriggio*. Ausgesprochen wird das *Dschackomo Pommeriedscho,* denn er ist Italiener. Und dazu einen Meter neunundneunzig groß. Deshalb nennen ihn die Schüler auch *Spaghetti*.

Eigentlich spricht er perfekt Deutsch. Aber es macht ihm Spaß, nicht perfekt Deutsch zu sprechen. Besonders mit Rektorin Nothnagel. Von Beruf ist er Hausmeister an der Erich-Kästner-Schule in Lummelsbach. Sein Hobby sind verrückte Erfindungen. Deshalb ist er Mitglied im *Ersten und letzten italienisch-deutschen Nonsens-Erfinder-Club der Weltgeschichte*.

Benny von Australien …

… ist ein Känguru. Genauer: ein männliches Rotes Riesenkänguru. Ganze ein Meter sechzig hoch und 70 Kilo schwer. Kommissar Spaghettis Bruder Alfredo hat es aus Australien mitgebracht. Jetzt lebt es mit seinem »Herrchen Giacomo« in der Hausmeisterwohnung.

Rektorin Isabella Nothnagel …

… bringt es auf hagere ein Meter fünfzig. Ihre Stimme gleicht dem Kreischen einer Kreissäge. Sie liebt bürokratische Vorschriften. Und streng ist sie …

Frau Kertenbach-Besserkrott, Spitzname ***Ach-du-liebes-Kind …***
… ist immer schrecklich lieb zu den Kindern. Sie unterrichtet alles, aber am liebsten Musik.

Heribert Sack …
… wäre lieber Astronaut als Lehrer geworden. Er wiegt vier Zentner und unterrichtet Mathe, Deutsch, Religion und Sport.

Kathrin, Benny (Spitzname ***Gameboy-Benny***)**, José, Mecki, Pelle, Anna-Maria, Manuela, Alex, Steven, Angela, Sebastian, Kevin, Eva** und und und …

… das sind die Schülerinnen und Schüler der Erich-Kästner-Schule, die bei fast allen Fällen, die Kommissar Spaghetti löst, eine Rolle spielen.

1

Nein, dies war nicht Isabella Nothnagels Tag! Der Wecker, den sie vor mehr als vierzig Jahren zur Konfirmation geschenkt bekommen hatte, gab Punkt sechs seinen Geist auf – zehn Minuten, bevor er läuten sollte. Der Grund dafür war Materialermüdung. Denn das Heftpflaster, mit dem sie ihn am Silvesterabend des Jahres 1966 geflickt hatte, war mürbe geworden und gerissen.

Doch die Rektorin hatte Glück im Unglück. Siebenunddreißigeinhalb Minuten nach der gewohnten Weckzeit erwachte sie schweißgebadet aus einem Albtraum: Die Schüler hatten sie als Rektorin abgesetzt und sie musste noch einmal die Schulbank drücken: Erste Klasse, Mathe bei Herrn Sack.

»Nun, Isabella, wie viel ist drei und drei?«, hatte der schwergewichtige Pauker sie gefragt und dabei seine Kulleraugen aufgerissen, als wollte er sie hypnotisieren.

»Fünfeinhalb«, hauchte die kleine Isabella – schließlich sah sie überdeutlich fünf Äpfel und eine appetitlich angerichtete halbe Birne vor sich.

»Fünfeinhalb?«, fragte Herr Sack und seine Augen traten wie die Fühler eines Außerirdischen aus dem Schädel hervor.

»Iiiiiii!«, schrie Isabella – die erwachsene Isabella –, bevor sie raketengleich in die Höhe schoss.

Jetzt war es zehn nach acht. Natürlich war Frau Nothnagel noch rechtzeitig in der Schule erschienen, wenn auch ein bisschen später als gewöhnlich. Und unfrisierter als gewöhnlich. Wenn man bei ihrem spärlichen Haarschopf überhaupt von »Frisur« sprechen konnte. Und hungrig. Denn Zeit zum Essen hatte sie nun wirklich nicht mehr gehabt. Deshalb war sie um zehn nach acht auf dem Weg zum Bäcker. Aber das Frühstück sollte noch ein paar Minuten auf sich warten lassen. Denn als sie eben im Begriff war, sich aus dem Schulhaus zu schleichen, kam ihr quer durch die Pausenhalle Patrick Winter entgegen. Einer dieser motzigen Siebtklässler. Auch das noch!

So hungrig sie auch war: Ungehorsam, Unordentlichkeit und Unpünktlichkeit, das waren die drei Undinge, die Isabella Nothnagel als verantwortliche Leiterin der Erich-Kästner-Schule auf keinen Fall dulden konnte. Also ignorierte sie ihren knurrenden Magen und keifte Patrick an:

»Was soll das, hä? Hast du keine Uhr? Es ist bereits zehn nach acht. Zehn Minuten zu spät. Das wird Folgen haben, Patrick Win …«

Die letzte Silbe blieb ihr im Halse stecken. Mein Gott, der Junge blutet ja!, schoss es ihr durch den Kopf, und schon war sie bei dem armen Sünder, um die Platzwunde zu begutachten, die zwei Fingerbreit unterhalb des Haaransatzes klaffte.

»Hm«, murmelte sie vor sich hin. »Tief ist das Loch nicht. Aber trotzdem: Vielleicht muss es genäht werden.«

Patrick zog erschrocken den Kopf zurück. »Genäht?«

»Nun halt doch still! – Hmmmm, und die Beule … – Herrrr Pommeriiiiiidschooooo!!«

Wieder zuckte Patrick zusammen. Kein Wunder, denn Frau Nothnagels Geschrei hätte glatt die Sirene eines Ozeanriesen übertönt.

»Herrrr Pooommeeeeeriiiiiiidschooooooo!!!«

Giacomo Pomeriggio genoss gerade zusammen mit seinem Hausgenossen und Kuscheltier Benny Känguru das zweite Frühstück, als die nothnagelsche Mega-Sirene die Scheiben seiner Hausmeisterwohnung zum Vibrieren brachte.

»*Maledizione!* Verdammt!«, fluchte er und stand unwillig vom Küchentisch auf. »Hat der Briefträger ihr einen Heiratsantrag gemacht oder warum braucht sie meine Hilfe?«

Normalerweise reagierte er nicht sofort auf Frau Nothnagels Gekreisch. Aber diesmal hörte es sich so an, als wäre es ernst. Deshalb nahm der lange Italiener die Beine in die Hand und stürmte treppab, über den Schulhof, in die Pausenhalle, aus der die Hilferufe kamen.

Im ersten Moment hatte er mehr Mitleid mit seiner hageren Chefin als mit dem bulligen Patrick, der die Rektorin um einen Kopf überragte. Wie ein Ausbund von Hilflosigkeit stand sie vor ihrem Schüler und ihre Augen signalisierten dem Hausmeister wie so oft in schwierigen Situationen: Mein Gott, machen Sie was, Herr Pomeriggio!

Nachdem auch Kommissar Spaghetti die Platzwunde begutachtet hatte, befand er kurz und bündig: »Ich werde gehen mit die Junge zu *Dottore* Knochele.«

»Ja, natürlich, ganz meine Meinung, zu Doktor Knochel«, stimmte Frau Nothnagel ihrem Hausmeister zu und holte hörbar Luft. Puh, das wäre erst mal geschafft! Der Pomeriggio würde das schon machen – wenn er auch sonst zu nichts zu gebrauchen war…

Das dachte Isabella Nothnagel nur. Laut sagte sie: »Halt!«

Der Italiener hatte schon den Türgriff in der Hand. Überrascht drehte er sich um. »Bitte, Signora Nothenagel? Sie haben noch eine Wunsche?«

»Ja, äh ... Ich muss ja einen Bericht schreiben. – Patrick, äh ... wie ist das denn passiert? Bist du gestürzt, weil du so gerannt bist?«

Als er seiner Rektorin antwortete, schaute Patrick den Hausmeister an. Mit einem Blick, den Kommissar Spaghetti als Frage deutete. Nur *was* Patrick ihn fragen wollte, das wusste er nicht.

»Hat das nicht Zeit bis nachhere?«, brummte der lange Italiener.

Doch da sagte Patrick schon laut und deutlich: »Die haben mich überfallen.«

»Überfallen?!?«, entfuhr es Kommissar Spaghetti und Rektorin Nothnagel wie aus einem Munde.

Und Patrick wiederholte noch lauter und deutlicher: »Ja. Überfallen.«

»Hier in Lummelsbach?« – »Das gibt's doch nicht!«, riefen die beiden wieder gleichzeitig, aber nicht wie aus einem Munde.

Patrick verstand kein Wort, und anstatt zu antworten, glotzte er Kommissar Spaghetti komisch an – irgendwie motzig und lauernd und ...

Seltsam, seltsam, dachte der lange Hausmeister, warum guckt er so frech? Kann er nicht anders, oder…

»Patrick Winter!«, kreischte Frau Nothnagel los. »Ich habe dich was gefragt!«

Die Platzwunde auf der Stirn ihres Schülers schien sie vergessen zu haben. Oder versuchte sie nur das Knurren ihres Magens zu übertönen?

Patrick wollte gerade sagen: »Was haben Sie gefragt?«, da donnerte Kommissar Spaghettis Bass dazwischen: »Signora Nothenagel, die Junge muss *immediatamente,* auf die Stelle, zu *Dottore* Knochele. Oder möchten Sie, dass ihn nicht nur die Stirne platzt, sondern auch noch die Fell von seine Trommel?«

»Welche Trommel denn? Ist er Schlagzeuger, oder was? Was soll das?«

Der Hausmeister hörte nicht mehr, was seine Dienstvorgesetzte hinter ihm herkeifte. Er fasste Patricks Arm und dirigierte ihn auf den Schulhof hinaus.

Dr. Knochels Praxis war nur zweihundert Meter von der Erich-Kästner-Schule entfernt. Diese zweihundert Meter nutzte Kommissar Spaghetti, um seinerseits ein paar Fragen zu stellen, die ihm Patrick – stockend und immer wieder nach Worten suchend – beantwortete: »Ja, drei Typen … Nee, auffällig nicht … Keine Skins oder so … Einfach Typen … Ja, älter als ich … Sechzehn vielleicht … Gesagt haben sie nichts … Der eine hat mich angerempelt und die andern haben gelacht. Und als ich ›Eh!‹ gesagt hab, da hat er zugeschlagen … Mit irgendwas Hartem … 'nem Schlüssel oder Schlagring oder so …«

Kommissar Spaghetti nickte verständnisvoll. »Wie im Film, hm?«

»Ja, genau!«

Patricks Augen strahlten, als hätte er ihm ein Paar goldene Inline-Skates geschenkt.

»Hast du die drei schon mal irgendwo gesehen? Oder wenigstens einen von ihnen?«

»Nö.«

»Aber du würdest sie doch wieder erkennen?«

»Glaub schon.«

»Na, dann beschreib sie doch mal!«

»Auuu!«

»Hast du Schmerzen?«

»Ja, und wie!«

»Na, da ist schon die Praxis. Wir kommen bestimmt gleich dran.«

»Mm.«

Seltsam, der Junge tat dem Hausmeister leid – und gleichzeitig auch nicht.

2

Genäht werden musste die Wunde nicht. Nur geklammert. Aber das Pflaster, mit dem Dr. Knochel Patricks Stirn verzierte, konnte sich sehen lassen. Obwohl Patrick ein Kopfverband lieber gewesen wäre …

Einerlei, die Wirkung war enorm.

»Patrick Winter hat'n Elch geknutscht.«

»Nee, 'n Dino.«

»Quatsch, Kick-Boxen macht er – aber erst seit gestern.«

Ja, Mitleid war es nicht gerade, was dem stämmigen Siebtklässler entgegenschlug, als er in der Klasse seine Verletzung wie einen Tapferkeitsorden präsentierte. Eher Schadenfreude. Da hat Großmaul Winter endlich mal eins auf die Mütze gekriegt beziehungsweise gegen die Stirn … So oder so ähnlich dachten die meisten von Patricks Klassenkameraden, die hinter seinem Rücken die Köpfe zusammensteckten. Der eigentliche Überfall war kaum Thema.

Im Lehrerzimmer sah das ganz anders aus. Während sich Frau Kertenbach-Besserkrott in

wahren Mitleidsorgien mit dem »armen, armen Jungen« erging, ließ sich Rektorin Nothnagel über die Gewalt an und für sich und im Besonderen aus.

»Da sehen Sie es: Die Kriminalität macht selbst vor den Grenzen unseres heimeligen Ortes nicht Halt! Der illegale Pausenbrothandel, der Kängurufleischskandal, die Kaugummianschläge – das alles waren nur Vorboten der Welle von Verbrechen, die jetzt auf uns zukommt! Überfälle! Geiselnahmen! Mord und Totschlag! Aber nicht mit mir! Nicht mit uns! Wir werden uns wehren, jawohl! Unserer Haut werden wir uns wehren...«

»Und der Häute unserer Kinder!«, vollendete Kommissar Spaghetti die Rede der aufgebrachten Schulleiterin und sah sie dabei dermaßen ernst und erschüttert aus braunen Rehaugen an, dass sie nicht wusste, ob er sie wieder mal auf den Arm nehmen oder ihr zustimmen wollte.

»Das ist ja schrecklich!«, hauchte Frau Kertenbach-Besserkrott und Herr Sack murmelte mit fleischwurstvollem Mund: »Meinen Sie, die greifen auch Erwachsene an?«

»Nur Erwachsene von großes Volumen, wo sich lohnt die Angriff, weil die Zielscheibe für die Schläge und Tritte ist nicht zu verfehlen und...«

»Was soll das, meinen Sie etwa mich?«, polterte Herr Sack los, auf den Giacomo Pomeriggios Rehblick nicht so recht zu wirken schien.

»Jetzt streiten Sie sich doch nicht!«, ging Frau Kertenbach-Besserkrott beschwichtigend dazwischen. »Dafür ist die Lage doch nun wirklich zu ernst. Einer unserer Schüler ist auf dem Schulweg überfallen und geschlagen worden. Da müssen wir doch was tun!«

»Signora Nothenagel hat gewisslich schon die Polizei alarmiert«, kam der Hausmeister der gütigsten aller Lehrerinnen entgegen.

»Hmkrrr«, räusperte sich die hagere Rektorin und rutschte dabei auf ihrem Stuhl herum,

»natürlich habe ich sofort auf der Wache angerufen.«

»Und?«, fragte Kommissar Spaghetti scheinheilig lächelnd nach, denn er ahnte, dass seine Chefin sich wieder mal was geleistet hatte.

»Was und?«, kam es wie aus der Pistole geschossen zurück.

»Und? Was hat die *polizia* gesagt? Ist der Falle schon genommen auf in die Protokolle?«

Frau Nothnagels Stuhlrutschen glich einer akrobatischen Vorführung. »Ja … äh … nein … äh … mein Anruf wurde sicher notiert, aber …«

»Aberrrrrr?«

»Aber ich werde ihn noch einmal wiederholen müssen.«

»Ja, warum denn?« Frau Kertenbach-Besserkrott saß da, als hätte sie ein Lineal verschluckt.

Einen Moment zögerte Frau Nothnagel mit ihrer Antwort, dann lief sie feuerrot an, hörte abrupt mit ihrer Rutscherei auf, schlug mit der Faust auf den Tisch und kreischte: »Weil ich mit diesem frechen Kerl von Polizisten, der sich bei der Schweinegeschichte schon so unmöglich benommen hat, nichts mehr zu tun haben will. Wenn er Feierabend hat, rufe ich einen Kollegen von ihm an, basta!«

Mit diesen Worten sprang sie auf und stürzte zur Lehrerzimmertür hinaus.

»Hahaaaaaaaa!«, lachte Kommissar Spaghetti. »Hahaaaaaaaa! Unsere liebenswürzige Chefin nimmt die Überfalle auf unsere liebe Schüler Patrick sehr ernst. Seeehr, seeeehr ernst!«

»Und Sie sind genauso unmöglich!« Das war Frau Kertenbach-Besserkrott. Und der Schwung, mit dem sie aufstand und den Raum verließ, konnte es mit dem ihrer Vorgesetzten problemlos aufnehmen. So hatte Kommissar Spaghetti die liebe, brave, zahme Lehrerin noch nie gesehen.

Und Herr Sack? Der hielt sich an der ungarischen Riesensalami fest, die er – aus lauter Verzweiflung – nach dem zweiten Fleischwurstring verspeiste. Dabei bemühte er sich den langen Hausmeister wütend anzustieren. Aber das misslang dem Sportlehrer und Astronautenfreak Heribert Sack total. Sein Blick flackerte, als wäre er ins Kerzenlicht der Kommandozentrale eines vorsintflutlichen Raumschiffs getaucht, und die Schweißspur, die seine salamifreie Hand auf der Tischplatte hinterließ, passte schon gar nicht zu der zur Schau gestellten Zornesfalte auf seiner Stirn.

Giacomo bereute bereits die Bemerkung, mit der er Herrn Sack verschreckt hatte, und überlegte sich, womit er dem dicken Pauker wieder seelisch auf die Beine helfen könnte, da wurde die Tür aufgerissen. Herein stürmte Rektorin Nothnagel.

»Hier!«, keifte sie triumphierend und knallte ein handschriftlich bekritzeltes DIN-A4-Blatt auf den Konferenztisch. »DER SICHERE SCHULWEG: RICHTUNGSWEISENDE ANWEISUNGEN FÜR ELTERN, GROSSELTERN UND ANDERE ERZIEHER. Das tippen Sie ab, Herr Pomeritzko, und dann vervielfältigen Sie es. Jeder Schüler nimmt den Text mit nach Hause und lässt ihn von seinen Eltern unterschreiben.«

Kommissar Spaghetti stöhnte auf wie eine verrostete Dampflok. »Neiiiin! Nicht schon wieder eine Rundeschreiben! Fällt Ihnen denn nicht eine Male eine Einfall ein, die keine Abfall ist aus Ihre Hirne und keine Reinfall für die Kultur von Kommunikation an unsere Schule? Nicht eine Male, Signora Nothenagel?«

»Halten Sie gefälligst den Mund und tun Sie, was ich Ihnen sage!«, blaffte es zurück.

»*Naturalmente,* Signora Nothenagel, *naturalmente!* Ich bin Ihre Tippser und tippse diese wunderbare Erguss von Ihre wunderbare Hirne *subito,* sofort, sogleich, so schnell es geht, mit meine Einfinger-Such-und-Tippel-System auf meine Tippelmaschine Marke *Blinde Adlerauge.*«

»Es ist mir vollkommen egal, wie Sie das

machen. Nur fertig werden müssen die Blätter. Und zwar *vor* Ablauf der fünften Stunde!«

Auch auf die Schüler der Erich-Kästner-Schule verfehlte Frau Nothnagels Machwerk seine Wirkung nicht. Trotz seines »Einfinger-Such-und-Tippel-Systems« hatte Giacomo das »Rundeschreiben« bereits vor der großen Pause in die Klassen gegeben. So war sein Inhalt auf dem Schulhof Thema Nummer eins.

Jeglicher Kontakt mit Unbekannten ist von vornherein zu vermeiden, hieß es da. Und: *Gefährliche Subjekte sind an der Gefährlichkeit ihres Äußeren unschwer als gefährliche Subjekte zu erkennen. Farbig gefärbtes, bürstenartig hoch stehendes Kopfhaar, naturbelassen glänzende Glatzen oder zottelig ungepflegtes Langhaar sind sichere Anzeichen dafür, dass das zugehörige Individuum weiträumig zu umgehen ist. Kinder jeglichen Alters können diese Anzeichen zwar erkennen und möglicherweise auch in ihrer Gefährlichkeit deuten, sie neigen jedoch zu einer spielerisch verträumten Vergesslichkeit, die sie die Gefahr vergessen lässt, wenn sie bereits im Verzug ist. Aus diesem Grunde ist es geboten, dass Sie, als Eltern, Großeltern oder sonstige erziehungsberechtigte Personen, die Verantwortung für den sicheren Schulweg Ihrer Schützlinge übernehmen und die Kinder so lange zur Schule begleiten, bis von dieser Stelle aus Entwarnung gegeben werden kann.*

Isabella Nothnagel, Rektorin.

Uff, das war starker Tobak. Sollten sich etwa auch die Siebt- und Achtklässler von Mami und Papi zur Schule geleiten lassen? Händchen haltend womöglich? Und in Begleitung eines Kampfhunds? Unmöglich!

Das Fluchen, mit dem die Lektüre von Frau Nothnagels schwer lesbarem Pamphlet einherging, war bis hinauf ins Lehrerzimmer zu hören. »Die spinnt wohl, die Alte!«, »Gefährlich ist hier doch nur eine: die Nothnagel selbst!«, »Gemeingefährlich, echt!« – Das waren noch die mildesten Äußerungen, mit denen die älteren Schüler die Rektorin verfluchten.

Ganz anders sah es bei den jüngeren aus: Sie hatten Mühe, den Sinn des Schreibens zu verstehen. Aber so viel bekamen sie mit: Auf dem Schulweg lauerten irgendwelche gefährlichen »Subjekte« auf sie, die selbst vor einem so starken Typ wie Patrick Winter nicht zurückschreckten. Die brutal zuschlugen. Und wenn der Patrick schon mit einem Fast-Kopfverband rumlief, dann würden die Jungen und Mädchen aus den vierten, fünften und sechsten Klassen ihre Knochen einzeln einsammeln müssen, wenn die Unbekannten zuschlugen …

Die großen Unbekannten! Grüne Glatzen hatten die. Lange, lila Haare. Und mit Monsterblick und Geiergrinsen schlenderten sie auf Angela zu. Die Fäuste geballt. Die Fingernägel wie Krallen ausgefahren …

»Angela! Kind! Was ist denn? Du bist ja leichenblass!« Das war Frau Kertenbach-Besserkrotts Stimme. Die gütigste aller Lehrerinnen hatte Pausenaufsicht und taumelte besorgt von Schülerin zu Schüler, abwiegelnd, aufmunternd, Trost spendend: »Jeden greifen die ja nicht an.« Oder: »Wir wissen ja gar nicht genau, ob die Täter noch in Lummelsbach sind. Wahrscheinlich haben sie sich längst aus dem Staub gemacht und euer Schulweg ist genauso sicher wie bisher.«

Nur gut, dass Frau Nothnagel nicht hörte, was ihre Lehrerin da so alles unters Volk brachte … Doch sosehr sich Frau Kertenbach-Besserkrott auch bemühte aufkommende Panik schon im Ansatz zu ersticken, so sehr strengten sich die Schwätzer, Großmäuler und Sensationsgickel unter den Schülern an das Thema aufzublasen wie einen Heißluftballon. Und zwar nicht nur auf dem Schulhof! Steven Weckmann zum Beispiel, passionierter Aufschneider aus der 8c, war kaum zu Hause, als er seiner Mutter auch schon Frau Nothnagels Rundschreiben in die Hand drückte.

»Hier. In Lummelsbach ist voll Terror. 'ne Entführerbande oder so. Die machen die Kinder voll fertig. Den Patrick Winter aus der Siebten haben sie durch 'n Fleischwolf gedreht. Die ganze Stirn war aufgeplatzt. Von 'nem Schlag mit 'nem Baseballschläger. Voll drauf. Die schlagen einfach zu. Auch bei Kleineren. Der Spaghetti hat ihn ins Krankenhaus gebracht. Da ist er genäht worden. Jetzt sieht er aus wie 'n indischer Makaratscho oder wie das heißt. Sooo 'n Turban!« Dabei ließ er seine Hand um den Kopf kreisen, als wollte er seiner Mutter zeigen, wie groß die echten mexikanischen Sombreros sind: einen Meter im Durchmesser.

Frau Weckmann war beeindruckt. Sie wusste zwar, dass ihr Steven manchmal ein wenig übertrieb, aber das hinderte sie nicht daran, ans Telefon zu stürzen und ihre Freundin Karin Mühlberg anzurufen.

»Grüß dich, Karin. Ist Sebastian schon daheim? ... Nein? Mensch, dann geh ihm bloß entgegen ... Neinnein, das nicht, aber stell dir vor, die haben den Patrick Winter überfallen. Aus der Siebten ... Ja, geschlagen. Regelrecht misshandelt ... Glatzen und rote Haare und so. Steht alles in dem Schreiben von Frau Nothnagel ... Okay ... Ja ... Gut, bis heut Abend beim Yoga. Tschau.«

O ja, Frau Nothnagels Schreiben schlug ein wie eine Bombe...

»*Maledizione* – verflucht, verflucht, verflucht!!!«, fluchte Kommissar Spaghetti, während er das kalte Wasser aufdrehte und wahre Känguru-sprünge unter der Dusche vollführte. Sein Fluchen galt nicht dem Kälteschock, mit dem er gewohnheitsmäßig das Duschen beendete. Nein. Er hatte sich gerade vorgestellt, was in den Lummelsbacher Küchen und Esszimmern los sein mochte, in denen das nothnagelsche »Rundeschreiben« auf dem Tisch lag, und seine Fantasie konnte es mit der Wirklichkeit problemlos aufnehmen...

3

Isabell Blücker aus der 5b wohnte bei ihrer Oma. Und ihre Oma musste am nächsten Morgen zum Röntgen. Um halb acht sollte sie schon da sein. In der Kreisstadt. Und um halb sieben fuhr ihr Zug. Deshalb musste Oma Blücker um sechs in der Früh aus dem Haus gehen. Zu früh, um die kleine Isabell zu wecken. Also stellte sie ihrer Enkelin ausnahmsweise den Wecker ans Bett und das Frühstücksmüsli samt Thermoskanne mit heißer Milch auf den Küchentisch. Am Abend davor hatte sie Isabell aufgeklärt: »Als ich so alt war wie du, musste ich immer allein aufstehen, wenn meine Mutter Frühschicht hatte.« Und Isabell hatte tapfer »Ja, Oma« gesagt.

Inzwischen war es zehn nach acht. Die 5b hatte in der ersten Stunde Religion bei Herrn Sack. Das heißt, *eigentlich* hatte sie Religion. Denn dieser Morgen war ein besonderer Morgen. Ein Schriftsteller wollte in die Schule kommen und aus seinem neuesten Buch vorlesen. *Steffis Angst* hieß das Werk und Herr Sack hatte erzählt, das Buch handele von einem Mädchen, das Probleme hätte. Das hatte ihm Frau Kertenbach-Besserkrott erzählt. Denn Frau Kertenbach-Besserkrott liebte Bücher, die von Problemen handelten. Und außerdem hatte sie den Schriftsteller eingeladen. Extra für ihre Klasse. Aber dann hatte Frau Nothnagel gemeint, für eine Klasse allein könnte die Schule nicht hundert Mark zu dem Honorar zuschießen, das der Schriftsteller vom Friedrich-Bödecker-Kreis in Hessen erhielt, und man könnte auch nicht verlangen, dass jedes Kind zusätzlich fünf Mark für die Lesung bezahlte. Eine Mark sei eigentlich schon zu viel. Schließlich könnten die Kinder auch selber lesen. Also hatte sie wieder mal ein Machtwort gesprochen: »Eine Mark, mehr nicht. Basta.« Und weil es dabei blieb, sollte der Schriftsteller nicht im Klassensaal, sondern in der Turnhalle aus seinem Problembuch vorlesen. Vor allen fünften und sechsten Klassen.

»Aber das sind ja 160 Schüler!«, hatte Frau Kertenbach-Besserkrott protestiert. »Und dann in der Turnhalle. Das gibt doch Unruhe. Da verstehen die Kinder doch nur die Hälfte.«

Frau Nothnagel ging nicht auf den Protest der Lehrerin ein. Sie kreischte nur: »162 Kinder, Frau Kertenbach-Besserkrott! Das macht bei einer Mark pro Schüler 162 Mark Eigenbeteiligung.

Der Autor bekommt 100 Mark von uns. Bleiben also 62 Mark für die Schulkasse übrig. 62 Mark Einnahmen statt 100 Mark Ausgaben, die Sie leichtfertig für die 27 Schüler *Ihrer* Klasse verplempert hätten!«

Was sollte Frau Kertenbach-Besserkrott dazu noch sagen? –

Fünf nach acht. In der Turnhalle war der Teufel los. Einhundertzweiundsechzig Mädchen und Jungen hatten ihre Stühle aus dem Klassensaal mitgebracht und donnerten sie jetzt auf den federnden Parkettboden. Alle wollten in der ersten Reihe sitzen. Möglichst nur einen Meter von dem Geschichtenerzähler entfernt.

Der gute Mann versuchte sich im äußersten Eck der Turnhalle in Sicherheit zu bringen. Aber Frau Kertenbach-Besserkrott war ihm auf den Fersen. Im Interesse ihrer Schüler. Sie würde ihn nicht entkommen lassen! So lächelte sie ihm aufmunternd zu – und erntete eine wütende Protestrede: »So war das nicht abgesprochen, Frau Kertenbach-Besserkrott! Es war immer nur von Ihrer Klasse die Rede. Nein, das hier tu ich mir nicht an. Bei dem Lärm versteht man ja sein eigenes Wort nicht. Und Sie wissen genau, meine Geschichte ...«

Der Bücherschreiber wehrte sich vergeblich.

Wenn es darauf ankam, aus einer misslichen Situation das Beste für ihre Schüler herauszuholen, und wenn ihr Gegenüber nicht gerade Nothnagel hieß, konnte sich die liebste aller Lehrerinnen sehr wohl durchsetzen. Auf ihre liebe Art. Ihre gaaanz liebe Art.

»Aber Herr Siedeknecht!«, gurrte sie los. »Sie wollen doch auch, dass möglichst viele Kinder erkennen, wie sie ihre Probleme lösen können, wenn sie nur ...« Sülz, sülz, sülz ...

Autor Siedeknecht verstummte. Sein Protest weichte auf wie ein Brötchen in Buttermilch.

»Ja, natürlich bin ich sozial eingestellt ... Natürlich will ich, dass möglichst viele Kinder ...« Blah, blah, blah ...

Derweil wühlte sich Herr Sack durch die im Zickzack aufgestellten Stuhlreihen und sammelte das Geld ein. Eine Mark pro Nase. Wer seinen Obulus vergessen hatte, sollte ihn sich von einer Mitschülerin leihen.

»Oder wollt ihr eure Mark morgen dem Autor bringen? Soviel ich weiß, wohnt er im Odenwald.«

Das wollte natürlich niemand der sechs Jungen und zwei Mädchen, die nicht an das Geld gedacht hatten, also fanden sie schnell jemanden, der ihnen aushalf.

Isabell saß in der letzten Reihe – und heulte.

»Na, Isabell? Hast du auch die Mark vergessen? Das kenn ich ja gar nicht von dir«, brummte Herr Sack.

Keine Antwort.

»Nana, kann ja mal vorkommen. Larissa leiht dir sicher was. Gell, Larissa?«

Das Mädchen neben Isabell nickte brav und griff nach ihrem Brustbeutel.

»Nein!«, protestierte Isabell.

»Was nein?«

»Ich hab das Geld nicht vergessen.«

»Nicht? Ja, was dann? Tut dir was weh? Weinst du deshalb?«

»Nein.«

Langsam wurde Herr Sack ungeduldig. »Na, dann ... dann gib mir doch erst mal die Mark!«

»Ich hab sie nicht mehr.«

»Also verloren?«

»Nein.«

»Ja, was dann?«

Diesen Satz brüllte Herr Sack. Von der blöden Kassiererei war er eh schon genervt, und dann auch noch dieses Getue: nein, nein, nein ...

»Ja, wann geht es denn endlich los? Wir werfen das Geld doch nicht für eine halbe Stunde Vorleserei aus dem Fenster! Herr Sack! Sind Sie endlich so weit oder müssen Sie erst einen Volkshochschulkurs für angehende Kassierer besuchen?«, kreischte Frau Nothnagels Kreissägenstimme durch die Halle.

»Also, was ist los?«, flüsterte der kugelförmige Pauker mit hochrotem Kopf und sah Isabell dabei beinahe flehentlich an.

Die kleine Fünftklässlerin schlug die Augen zu Boden und hauchte: »Die haben mir das Geld abgenommen.«

Herr Sack riss seine Augen auf Handtellergröße auf. »Wer?«

»Die Jugendlichen. Auf dem Schulweg.«

Der letzte Satz entging Frau Nothnagel nicht. Pfeilschnell war sie herangestürzt, um Herrn Sack auf Trab zu bringen – und schon wurde sie für ihr Tempo belohnt.

»Ha! Die Schulweggangster!«, triumphierte sie. »Hab ich's doch gewusst! Komm, Isabell! Jetzt erzählst du mir alles haarklein. In meinem Büro!«

So erfuhr Isabell Blücker nicht, wie die Steffi aus Autor Siedeknechts Buch ihr Problem löste. Schade, vielleicht hätte es ihr geholfen …

»Setz dich! So, und nun schnäuz dich erst mal!« Frau Nothnagel war die Freundlichkeit selbst. Mit mütterlicher Fürsorge reichte sie der kleinen Fünftklässlerin das fast neue Papier-

taschentuch, mit dem sie vorgestern ihre Schreibtischplatte poliert hatte, und wartete mit schier unglaublicher Geduld, bis Isabell zu Ende trompetet hatte. Aber dann schoss sie ihre Frage ab wie ein Amazonas-Indianer seinen Giftpfeil.

»Also, du wurdest auch überfallen.«

Isabell nickte.

»Und? Kannst du die Kerle beschreiben?«

Isabell hob den Blick nicht vom Boden, aber sie nickte.

»Na, wunderbar! Also, wie sahen sie aus? Hatten sie Glatzen oder einen Irokesenschnitt?«

Isabell nickte.

»Ja, was denn nun? Glatze oder Irokese?«

»Glatze«, hauchte Isabell.

»Aha! Also doch! Ich hab es ja gewusst! – Und wie viele waren es? Drei?«

Isabell nickte.

»Gut. Du kannst zur Turnhalle gehen. Die Mark brauchst du natürlich nicht mehr zu bezahlen. Die kann der Herr Schriftsteller ja wohl verschmerzen.«

Kaum war Isabell von ihrem Stuhl aufgestanden, hob Frau Nothnagel auch schon den Hö-

rer ihres schwarzen Telefonmonstrums ab und wählte die Nummer der Lummelsbacher Polizeiwache.

Wieder war der Wachtmeister an der Strippe, mit dem sie seit der Schweinegeschichte nichts mehr zu tun haben wollte. Aber das war ihr jetzt egal. Sie hatte einen neuen Fall. Und der nächste dürfte auch nicht mehr fern sein.

»Hier Nothnagel. Ja, ich habe gestern schon mal angerufen und gestern Abend hat Ihr netter Kollege von der Spätschicht bei mir zu Hause das Protokoll des ersten Überfalls aufgenommen ... Ja, Sie haben richtig gehört: des *ersten* Überfalls. ... Ein Mädchen. Elf Jahre alt ... Jawohl: überfallen. Das werde ich alles zu Protokoll geben. Ja, mit dem Mädchen können Sie auch sprechen ... Na, da bin ich aber gespannt!« Die letzte Bemerkung galt der Versicherung des Wachtmeisters, er werde sich *sofort* auf den Weg zur Schule machen.

Zum Glück hatte es der Beamte nicht nötig, seine Abfahrt aus Verärgerung über diese Frechheit hinauszuzögern. Er setzte sich in den Streifenwagen und düste los. Denn irgendwie hatte er das Gefühl, das überfallene Mädchen brauchte seine Hilfe, und er könnte es »nicht in den Klauen dieser Verrückten lassen«. Das sagte er

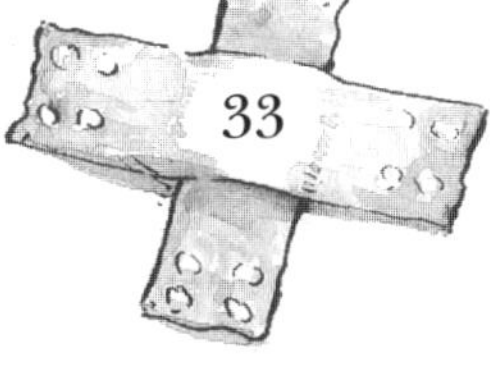

jedenfalls dem Revierleiter, als er sich bei ihm abmeldete.

Frau Nothnagel stand mit einer Stoppuhr in der Hand in der Eingangshalle und wartete auf die Ankunft des Wachtmeisters.

»Nicht gerade Weltrekord, aber immerhin«, knurrte sie ihn zur Begrüßung an, bevor sie ihn in ihr Büro beorderte.

Der Beamte hatte sich vorgenommen sich nicht provozieren zu lassen. Deshalb marschierte er brav hinter der hageren Schulleiterin her. Dabei sang er in Gedanken pausenlos »Hänschen klein« – aber mit einem anderen Text: »Alte Hex, Giftgewächs, bist so dumm wie'n Tintenklecks, alte Hex, Giftgewächs, dumm wie'n Tintenklecks.«

Er war gerade zum vierundzwanzigsten Mal bei »Giftgewächs« angelangt, als Frau Nothnagel ihn mit einem knappen »Und? Wie wollen Sie jetzt vorgehen?« auf den Besucherstuhl an ihrem Schreibtisch nagelte.

Dumm wie'n Tintenklecks, dachte der Wachtmeister. Dabei holte er tief Luft, bevor er so ruhig wie möglich antwortete: »Ich werde jetzt erst Sie und dann das Mädchen zum Vorgang befragen.«

»Aber lassen Sie sich keine Geschichten von der Isabell erzählen! Kinder in diesem Alter neigen zum Fantasieren. Die erfinden alles Mögliche und Sie glauben es dann.«

»Keine Sorge, das ist nicht das erste Protokoll, das ich aufnehme.«

»Na ja – auf jeden Fall werde ich dabei sein.«

Diesmal half dem Wachtmeister auch der Tintenklecks nicht. Ihm platzte der Kragen. »Sie werden überhaupt nichts! *Ich* spreche mit dem Mädchen, und zwar *allein!*«, blaffte er die Schulleiterin an.

»In dieser Schule habe ich das Sagen, damit Sie das wissen!«, fauchte Frau Nothnagel zurück.

»Aber nicht in polizeilichen Angelegenheiten! So, und jetzt machen Sie Ihre Aussage!«

Ein Boxkampf war nichts dagegen.

»Für Sie mache ich überhaupt nichts! Raus!«

Die kleine Rektorin spie Gift und Galle. Dieser unverschämte Kerl wagte es doch schon wieder, ihr zu widersprechen!

Die Zornesader auf der Stirn des Wachtmeisters schwoll an wie ein schwangerer Regenwurm. »Wissen Sie, was das ist? Behinderung eines Ermittlungsbeamten im Dienst! Das kommt Sie teuer zu stehen, Sie ... Sie ... Giftgewächs!«

»Das sagen Sie noch mal!«

»Giftgewächs!«

»Raus!«

Frau Nothnagel zitterten noch die Hände, als sie den Dienststellenleiter des Wachtmeisters am Telefon verlangte. Der hörte sich ihre Beschwerden in aller Ruhe an.

»Beleidigt hat er mich! Demütigen wollte er mich! Der Fürsorgepflicht für meine Schüler wollte er mich entheben! Anzeige werde ich erstatten, jawohl!«

»Tun Sie das!«, ermunterte der Oberbeamte sein unsichtbares, keifendes Gegenüber – den Hörer hatte er auf die Tischplatte gelegt und auf den Notizzettel neben dem Telefon zeichnete er eine Ziege – genauer: eine Gewitterziege.

Frau Nothnagel knallte den Hörer auf die Gabel ihres Uralttelefons und rief die Auskunft an: »Ich brauche die Nummer des Bundeskriminalamts in Wiesbaden. Und zwar schnell, wenn's geht!«

»Wir behandeln alle unsere Kunden zügig«, kam es kühl zurück und Frau Nothnagel kochte vor Wut fast über.

»Bundeskriminalamt, Becker«, meldete sich eine Frauenstimme.

»Nothnagel, Lummelsbach«, reagierte Frau Nothnagel.

»Was kann ich für Sie tun?« Das war wieder die Becker.

»Verbinden Sie mich mit dem Leiter der Abteilung für Gewaltverbrechen!«

Piep-düdel-düdel-piep, piepte und düdelte es aus dem Hörer, bevor sich eine zweite Frauenstimme meldete.

»Schohweiß.«

»Sie sind doch nicht der Leiter der Abteilung für Gewaltverbrechen!«, kreischte Frau Nothnagel.

»Nein, der bin ich nicht. Aber ich bin seine Sekretärin. Wer spricht denn da?«

»Nothnagel! Verbinden Sie mich mit Ihrem Chef!«

»Sofort, Frau Nothnagel!«, erwiderte Frau Schohweiß, dann drückte sie einen Knopf auf ihrem Riesen-Telefon-Schaltkasten, und während Frau Nothnagel das ihr bekannte *Piep-düdel-düdel-piep* hörte, tippte Frau Schohweiß die 222 in die Telefontasten.

»Pförtnerei Luckmann«, kam es aus ihrem Lautsprecher.

»Herr Luckmann, Sie lieben doch unsere Bekloppten. Ich hab da eine Frau in der Leitung. Nennt sich Nothnagel. Wenn Sie wollen …«

»Ja, klar! Immer her damit! Schorsch Gabert ist gerade hier. Willst du mithören, Schorsch?«

»Aber immer!«, grölte eine zweite Männerstimme aus Frau Schohweiß' Telefonlautsprecher. Schorsch Gabert kannte sie gut. Ein netter Kerl. Er war Waffenmeister im Bundeskriminalamt.

Das *Piep-düdel-düdel-piep* in Frau Nothnagels Hörer verstummte.

»Krummdiedel«, dröhnte es an ihr Ohr. »Was kann ich für Sie tun?«

»Sind Sie der Leiter der Abteilung für Gewaltverbrechen?«

»Aber ja doch! Wo drückt denn der Schuh?«

Um nicht laut loszulachen, hielt sich Schorsch Gabert mit beiden Händen den Mund zu, während Frau Nothnagels Stimme den Lautsprecher der Mithöranlage zum Klirren brachte. Atemlos erzählte sie – aus ihrer Sicht – die Story von den glatzköpfigen Gewalttätern und den ebenso faulen wie unverschämten Lummelsbacher Polizeibeamten.

»Verstehe!«, brummte der Pförtner des Bundeskriminalamts. »Ich werde die Sache persönlich in die Hand nehmen. Hinter diesen Kerlen sind wir schon lange her. Einer unserer besten Männer ist bereits seit gestern in Lummelsbach. Leider konnte er die Überfälle nicht verhindern. Beide Male zwang ihn ein … ähäm … menschliches Bedürfnis – Sie verstehen – das nächstgelegene Lokal aufzusuchen. Ein altes Problem bei Beschattungsaufgaben. Na ja, aber beim nächsten Mal ist er bestimmt zur Stelle und macht die Gangster dingfest. Na, Frau Nothnagel? Alles in Butter?«

»Jaja, sicher. Die werden beschattet. Soso. Also dann … äh … vielen Dank!«

Ebenso erleichtert wie verwirrt legte Frau Nothnagel den Hörer auf. Die Gangster wurden bereits überwacht – na so was!

4

Hi, Kathrin!«

Kathrin drehte sich nicht um.

»Kathrin! Nun warte doch!«

Du kannst mich mal!, dachte Kathrin.

Wen sie damit meinte? José natürlich. Gestern hatte sie ihn gefragt, ob er zu ihrem Geburtstag kommen würde – sollten ihre Freundinnen doch gackern, wie sie wollten. Aber José hatte ihr einen Korb gegeben, aus Angst vor dem Spott der Klassenkameraden, der männlichen Klassenkameraden …

»Kathrin! Eh!«

Blödmann!

Jetzt war sie bei ihrem Fahrrad angelangt. Schade, dass es abgeschlossen war!

José packte sie am Arm. »Nu sei doch nicht so zickig!«

»Wer hier wohl zickig ist!«

»Ich mein ja gar nicht wegen gestern.«

»Was du meinst, ist mir so was von egal.«

»Es geht um Spaghetti.«

Kathrin reagierte zwar mit einem abschätzigen

»Pff!«, aber ihre Neugier war geweckt. Wieso ging es um Kommissar Spaghetti?

José las die Frage in ihrem Blick und sagte schnell: »Ich hab ihn angesprochen. Wegen der Überfälle.«

Jetzt konnte Kathrin ihre abwehrende Haltung nicht länger durchhalten.

»Und?«, fragte sie, wobei sie allerdings das Fahrradschloss aufsperrte.

»Nix. Gar nix. Er winkte bloß ab. ›Komm, lass mich mit dem Unfug zufrieden!‹, hat er gesagt und dann ist er auf seinen Drahtesel gestiegen und abgedüst – ungefähr so wie du.«

Den letzten Satz konnte José sich nicht verkneifen, nachdem er mitbekommen hatte, dass Kathrin ihren Widerstand aufgab.

»Blödmann!«

»Ja, find ich auch!«

Jetzt musste Kathrin doch lachen.

»Dich mein ich, nicht Giacomo!«

»Danke!«

»Und, warum erzählst du mir das?«

»Ich dachte, das könnte ein Fall für uns sein. Aber wenn du genauso wenig Interesse an der Sache hast wie Spaghetti, dann frag ich eben Manu, ob sie mitmacht.«

»Tu, was du nicht lassen kannst!«

Mit diesen Worten schwang sich Kathrin auf den Sattel und trat mit aller Kraft in die Pedale. Tja, José, da hast du dich wohl verrechnet: Eifersüchtig hast du Kathrin schon gemacht, nur rumgekriegt hast du sie damit nicht – ganz im Gegenteil!

Während José auf Benny wartete, um mit ihm heimzuradeln, versuchte Kathrin sich den Zorn vom Leib zu strampeln. Vergeblich. Deshalb stürzte sie eine Viertelstunde später wütend in den Hausflur, schnappte sich das schnurlose Telefon von der Kommode und rief Giacomo an. Jawohl: Giacomo! Und der bekam jetzt die geballte Ladung ab, die eigentlich José galt – denn José war nun wirklich der Letzte, den sie anrufen würde.

Kaum hatte sich der lange Hausmeister gemeldet, legte Kathrin auch schon los: »Sag mal, Giacomo, stimmt das? Die Überfälle interessieren dich nicht?«

»Ach, weißt du …«, wollte Kommissar Spaghetti erklären, doch weiter kam er nicht.

An seinem Tonfall erkannte Kathrin, dass José die Wahrheit gesagt hatte. »Sag mal, spinnst du?«, fuhr sie ihn an. »Da werden zwei Schüler der Erich-Kästner-Schule auf dem Schulweg überfallen, und du tust so, als ginge dich das nichts an? Das gibt's doch nicht! Nee, echt, voll enttäuschend!«

Bevor Giacomo auch nur ein weiteres Wort sagen konnte, ließ Kathrin die Mikroklappe des Telefons zuschnappen. »Blöde Typen!«, murmelte sie dabei und meinte damit alle Männer und Jungen diesseits und jenseits des Mississippi.

Erst nach einem Mittagessen, das sie ohne den geringsten Appetit in sich hineinstopfte, und zwei Stunden Mathe-, Englisch- und GL-Hausaufgaben verrauchte ihre Wut halbwegs und sie war in der Lage, die Dinge nüchterner zu betrachten.

Natürlich hatte José Recht. Und zwar in jeder Beziehung: Zum einen mussten sie ihre detektivischen Fähigkeiten ins Spiel bringen, um die Überfälle aufzuklären und die Kerle hinter Schloss und Riegel zu bringen, die Lummelsbach von heute auf morgen zu einem unsicheren Pflaster gemacht hatten. Und zum anderen war es beim besten Willen nicht zu verstehen, warum Giacomo das nicht auch so sah. Zwei Fragen, die es zu klären galt. Aber mit wem? Giacomo war ja wohl kaum der richtige Mann dafür. Und José schon gar nicht – jedenfalls bis auf weiteres!

Also sagte Kathrin ihrer Mutter, sie würde noch auf eine Stunde zu Mecki fahren …

Mecki empfing ihre Freundin mit den Worten: »Na, auf dem Kriegspfad?«

Zuerst dachte Kathrin, Mecki wollte damit auf José anspielen. Aber dann fragte die »Wissenschaftlerin«: »Du kommst doch wegen der Überfälle, oder?«

»Kannst du hellsehen?«

»Nein, aber ich war gerade im Begriff, dich anzurufen und zu fragen, ob wir uns nicht mal deshalb treffen sollten. Na ja, und da dachte ich …«

»Was du denkst, denk ich auch? Richtig gedacht!« Kathrin lachte. Zum ersten Mal, seit der blöde José … Egal!

»Also, was ist? Packen wir's an?«

Kathrin hielt Mecki die erhobene Handfläche hin und Mecki patschte ihr drauf: »Packen wir's an!«

Eine halbe Stunde später hatten sie bereits einen Fahndungsplan ausgeheckt, in groben Zügen jedenfalls. *Die Opfer befragen,* stand unter Punkt 1. Aber wann? Und wo? Morgen in der großen Pause? Auf dem Schulhof? Unmöglich! Patrick Winter würde sie nicht mit dem Hintern angucken, und die kleine Isabell fing womöglich an zu heulen und rannte zu Frau Kertenbach-Besserkrott, wenn sie sie an den Überfall erinnerten.

»Nee, in der Schule, das geht nicht«, stellte Mecki fest und logisch folgerte sie daraus: »Wir fahren zu ihnen.«

»Nach Hause? Spinnst du? Der Patrick erzählt morgen sämtlichen Typen aus der Siebten, wir wären so scharf auf ihn, dass wir ihn bis vor die Haustür verfolgten.«

»Ach was! Soll uns doch schnurz sein, was er denen erzählt. Der gibt doch eh an wie Gottschalk im Kindergarten.«

»Trotzdem ...«

»Ach komm, stell dich nicht so an! Wenn er morgen dumm rumlabert, erzählen wir überall, er hätte uns verfolgt. Oder noch besser: Dann lass ich in der Nähe seiner Clique einen Brief fallen. An Patrick. Und in dem Brief steht: *Patrick Winter, wenn du nicht sofort damit aufhörst, Kathrin und mich zu verfolgen und anzuquatschen und dauernd davon zu faseln, dass du wahnsinnig in uns verknallt bist und mit uns gehen möchtest, dann zeigen wir Frau Nothnagel die Liebesbriefe, die du uns geschrieben hast. – Mecki und Kathrin.*«

Das überzeugte Kathrin, denn ihre Wut auf alle Männer und Jungen dieser Welt war immer noch nicht ganz verflogen …

»Okay. Weißt du, wo der Patrick wohnt?«

»Nee. Müsste aber im Telefonbuch stehen.«

Patricks Adresse stand im Telefonbuch: *Dr. med. Andreas Winter, Schneewittchenweg 3.*

5

Wild entschlossen schwangen sich die Freundinnen auf ihre Räder und strampelten Richtung Neubaugebiet.

»Doktor Winter – hast du gewusst, dass sein Vater Arzt ist?«

»Klar, damit gibt er doch fast so an wie mit dem blöden Football-Club, in dem er neuerdings spielt. In Frankfurt. Echt bescheuert!«

Nachdem sie sich noch eine Weile über Kinder von Ärzten, Football-Spieler und Angeber ausgelassen hatten, bogen die beiden in den Schneewittchenweg ein.

»Nummer 3 – dahinten, neben den zwei Garagen, das müsst es sein.«

»Die riesen Villa?«

»Klar, oder hast du gedacht, die wohnen in der Praxis?«

»Nee, aber so ’n Prachtbau … Stellen wir die Räder hier ab?«

»Wieso? Wir wollen Patrick doch besuchen, oder?«

Mecki fühlte sich verdammt wohl in ihrer Rolle.

Als hätte sie Patricks vermeintliche Liebesbriefe schon in der Tasche, radelte sie in unvermindertem Tempo auf die Arztvilla zu: Keine Chance, Patrick Winter – entweder du stehst uns Rede und Antwort oder morgen Mittag bist du der Hampelmann für deine Kumpels!

Kathrin zog die Handbremse: »Nun halt doch mal an!«

Immerhin hörte Mecki auf zu treten, als sie sich nach ihrer Klassenkameradin umschaute.

»Nun komm doch! Wenn's sein muss, machen wir ihm gleich klar, dass wir ihn in der Hand haben, und dann…«

»Das mein ich doch gar nicht. Guck mal, diese Kutsche. Die parkt direkt vor Patricks Haus!«

Jetzt musste Mecki doch stehen bleiben, wenn sie auf Kathrins Äußerung reagieren wollte. Nachdem sie vom Rad gestiegen war, fragte sie leicht gereizt: »Und?«

»Da steigt 'n Typ aus.«

Mecki winkte ab: »Besuch für Patricks Eltern – soll uns doch egal sein«, und wollte schon wieder aufsteigen, da erschien Patrick Winter höchstpersönlich in der Haustür, um den Besucher per Handschlag zu begrüßen. Überrascht schaute sie ihre Klassenkameradin an.

»Zu blöd. Sieht ganz so aus, als wären wir nicht

die Einzigen, die es heute Nachmittag auf ihn abgesehen haben.«

»Vielleicht war das sein Nachhilfelehrer. Versuchen wir's halt in 'ner Stunde noch mal.«

»Nachhilfelehrer? In dem Wagen? Der Chef von meinem Vater fährt so 'n Teil...«

Langsam wurde Kathrin sauer. Mecki benahm sich schon fast so bescheuert wie José. Wütend stieg sie wieder auf und machte Anstalten zu wenden.

Aber Mecki war hartnäckig: »Nun bleib doch! Echt, die Sache interessiert mich. So wie Patrick den Typ begrüßt hat, sah es ganz so aus, als hätt er auf ihn gewartet.«

»Ja, und?«

»Mensch, verstehste nicht? Wenn du am Nachmittag an die Haustür gehst, dann hat entweder deine Mutter gerufen ›Kathrin, mach mal auf, ich bin grad im Bad!‹ oder du hast jemand erwartet. Ist doch klar!«

»Ja. Und was ist dabei? Ehrlich, ich kapier echt nicht, was du willst.«

»Kathrin, nun denk doch mal 'nen Moment nach: Wen mit so 'nem Schlitten könntest du erwarten?«

»Ich nicht, aber Patrick – bei der Villa...«

Mecki ließ sich nicht beirren. »Irgendwas ist

faul an der Sache. Komm, wir sehn uns das mal aus der Nähe an.«

»Wie aus der Nähe?«

»Na, vielleicht hören wir, was sie reden.«

»Du spinnst ja! Willst du ums Haus schleichen und lauschen, oder was? Da sieht uns doch jeder.«

Gegen ihren Willen musste Mecki ihrer Freundin Recht geben. »Mist, in Luft auflösen können wir uns nicht. – Und? Was machen wir jetzt?«

»Das hab ich dir schon dreimal gesagt: in 'ner Stunde wiederkommen.«

Mecki schüttelte den Kopf. »Dann kriegen wir nie raus, was der Typ von Patrick will.«

»Was soll er denn von ihm wollen? Nee, echt, Mecki, jetzt spinnst du. Da hält 'ne Nobelkarosse vor dem Haus von 'nem Typen, der zufällig auf dem Schulweg überfallen wurde, und du vermutest irgendwas Geheimnisvolles ohne auch nur...«

Jetzt war Mecki es, die ihre Klassenkameradin unterbrach: »Der knipst ihn!«

»Wie? Was?«

»Na, der Typ! Der knipst Patrick!«

»Wo?«

»Da! Auf der Terrasse!«

Ohne dass sie es geplant hätten, hatten die beiden Mädchen im Verlauf ihres Gesprächs die Räder hinter einen Lieferwagen geschoben, durch dessen Frontscheibe sie nun die wintersche Villa beobachteten.

Tatsache: Der Schlitten-Fahrer hockte mit der Kamera im Anschlag neben der Hollywoodschaukel, während Patrick, beide Hände vor dem Gesicht, auf die geschlossene Terrassentür zutaumelte. Ja: *taumelte*!

»Das gibt's nicht!«

Einen Augenblick lang war Mecki baff. Aber nur einen Augenblick! Dann hopste sie auf den Sattel und raste los. Richtung Doktor-Villa!

»He!«, rief Kathrin ihr mit gedämpfter Stimme nach. »Wo willst du denn hin?«

Ohne sich umzudrehen winkte Mecki ihrer Freundin zu: Los, komm schon!

Unwillig stieg auch Kathrin aufs Rad, um ihrer Klassenkameradin in sicherem Abstand zu folgen.

Voll auf ’m Ermittlungstrip!, dachte sie noch, dann sah sie, wie Mecki etwa vierzig Meter vor ihr vom Rad stieg – genau vor Patrick Winters Haus.

Im selben Augenblick ging die Haustür auf und Patrick marschierte mit dem Fotomenschen durch den Vorgarten.

Ohne zu zögern trat Mecki auf Patrick zu und sprach ihn an. Der winkte ab, machte einen Bogen um seine Schulkollegin und stieg zu dem Schlitten-Typ in den Wagen. Brrrrmmmm – und schon war Patrick Winter im Rapunzelweg verschwunden.

»Los! Hinterher!«, rief Mecki.

Kathrin schaltete einen Gang höher – erst mal weg von der blöden Villa ...

Nach einer wilden Strampelei durch sämtliche Märchenstraßen Lummelsbachs lenkte Mecki ihr Bike auf einen Kinderspielplatz und ließ sich wütend auf eine Parkbank fallen.

Kathrin pflanzte sich neben sie.

»Nur wegen dir!«, motzte Mecki. »Wenn du nicht so lange rumgequatscht hättest, hätten wir bestimmt was rausgekriegt.«

So würde nicht mal José rumblöken! Kathrin sah rot.

»Dumme Kuh!«, fauchte sie ihre Freundin an, schnappte sich ihr Rad und sauste heimwärts.

Doch so schnell sie auch fuhr, der Zorn ließ sich nicht wegstrampeln. »Dumme Kuh! Blöde Ziege!« Nee, so hatte sie sich noch nie über Mecki geärgert! Was bildete die sich eigentlich ein? War ihr das idiotische Experimentieren zu Kopf gestiegen, mit dem sie sich in ihrer Freizeit pausenlos beschäftigte? Oder hatte sie Doofheitspillen erfunden und versehentlich zu viel davon gekostet?

Dumme Kuh! Blöde Ziege! Irgendwas muss mir einfallen, womit ich sie ärgern kann, dachte Kathrin. So richtig irre voll ärgern. Aber was? Irgendwas mit Giacomo? Nee, der ist zurzeit auch nicht besser. Mit Manu? Nee, bei der hängt womöglich dieser Blödmann von José rum. Soll er doch, wenn's ihm Spaß macht! … O nein, was für ein beschissener Tag!!! Glaubt wohl, sie ist die Größte, die hochwohlgeborene Frau Forscherin! Die Beste! Die Erste! … Die Erste? Ha! Bist du nicht, Mecki Saalfeld! Bei Isabell werd ich die Erste sein. Und wenn du kommst, lässt sie dich voll cool abblitzen: »Wieso kommst du denn erst jetzt, Mecki? Ich hab doch schon alles Kathrin erzählt.« Und wenn du dann zu mir kommst, dann lass ich dich genauso abblitzen!!!

Rache ist süß und Kathrin kostete diese Süße so richtig aus, während sie eine Telefonzelle suchte, um Isabells Adresse ausfindig zu machen. Aber lange hielt die Freude nicht an. Denn die kleine Isabell reagierte auf ihre stille Art so abweisend, dass Kathrin schon nach drei Minuten vergeblichen Fragens unverrichteter Dinge wieder abziehen musste. Nur blöd dagestanden hatte die Isabell. Den Blick auf Kathrins Pulli geheftet, als würde sie dort immer denselben Satz ablesen: »Ich will nichts sagen! Ich will nichts sagen! Ich will nichts sagen!«

Wütend machte sich Kathrin auf den Heimweg. »Dumme Kuh!« – Damit meinte sie Isabell. Und Mecki. Und … Ach nein, *der* war ja ein dummer Ochse …

Doch der Tag war noch nicht zu Ende. Nachdem sich Kathrin zwei Stunden lang missmutig und in ausdauerndem Stumpfsinn CDs anhörte, ging sie schließlich ohne Abendessen ins Bett. Licht aus, Augen zu und – die gequälte Seele öffnete ihre Schleusentore: Kathrin weinte nicht, sie heulte. Sie schluchzte. Sie flennte Rotz und Wasser. Eine halbe Stunde lang. Dann ging es ihr besser. Nachdem sie sich kräftig geschnäuzt hatte, schlich sie sich runter in die Küche und plünderte den Kühlschrank. Noch ein Schluck Limo und wieder ins Bett. Ohne sich die Zähne zu putzen, versteht sich. Licht aus, eingekuschelt und – noch einmal lief der Tag vor ihrem geistigen Auge ab. Aber diesmal ohne José und Mecki. Über die hatte sie sich schon genug aufgeregt. Nein. Die kleine Isabell Blücker war es, die wie in Zeitlupenwiederholung wieder und wieder das Einschlafen vereitelte. Kathrin wälzte sich von einer Seite auf die andere. Warum hat sie bloß so auf meinen Pulli gestarrt? Ich war doch ganz freundlich. Hab ihr sogar gesagt, dass ich ihr helfen will. Komisch. Als hätte sie vor was Angst gehabt. Vor *was,* und nicht vor mir. Aber wovor? Die Sache ist doch längst vorbei. Die Typen haben ihr die drei Mark abgenommen, aber getan haben sie ihr doch nichts. Doch nichts … doch nichts … doch nichts … noch nichts! Ja, das ist es! Von einer Sekunde zur nächsten saß Kathrin aufrecht im Bett. *Das ist es!!!* Die Typen haben ihr gedroht! Wenn du irgendwas über uns verrätst, bist du dran! Dann geht's dir wie dem Patrick. Klar?! – So ähnlich muss es gewesen sein. Eingeschüchtert haben sie die kleine Isabell. Total eingeschüchtert. Und dann meint der Spaghetti …

Kathrin dachte den Satz nicht zu Ende. Sollte der Spaghetti doch meinen, was er wollte. Sie hatte diesen miesen Tag mit einer grandiosen detektivischen Erkenntnis abgeschlossen, das tat ihr gut. Mit einem Seufzer der Erleichterung ließ sie sich zurück aufs Kissen fallen, um zehn Sekunden später ins Reich der Träume zu entschlummern.

6

Am Morgen darauf war Kathrin eine der Ersten in der Schule; ihre Mutter hatte sie wie gewohnt auf dem Weg zur Arbeit mit dem Wagen vor dem Schultor abgesetzt. Doch entgegen ihrer Gewohnheit schlenderte Kathrin nicht zur Pausenhalle hinüber, sondern rannte schnurstracks auf die Haustür des Nebengebäudes zu. *Giacomo Pomeriggio,* stand auf dem Klingelknopf, den sie fünf Sekunden später drückte. Mit Blick über die Schulter, denn jeden Augenblick musste, wie jeden Morgen, José am Schultor auftauchen, und mit dem wollte sie nun wirklich nichts zu tun haben.

Mann, Giacomo, nun mach doch endlich die Tür auf!!!

Als hätte der lange Italiener Kathrins Gedanken empfangen, beugte er sich aus einem Fenster im ersten Stock.

»He, Kathrin, sind die Schulweglümmel hinter dir her, oder was treibt dich zu so früher Stunde in Giacomos Burg?«

Gott sei Dank, Kommissar Spaghetti hatte gute

Laune. Dann würde sie ganz offen mit ihm reden können!

»Nein!«, rief Kathrin in den ersten Stock hinauf und lachte dabei. »Noch nicht. Aber ich will mal mit dir reden.«

»Na, dann komm rauf!«

Schwupp, warf er ihr den Schlüssel zu – gerade in dem Moment, als José auf dem Schulhof auftauchte.

In der Hausmeisterwohnung begrüßte Kathrin Benny Känguru mit einem freundlichen Klaps und dann legte sie los. Viel Zeit hatte sie nicht, denn in zwanzig Minuten fing die erste Stunde an.

»So …«, sagte Kommissar Spaghetti, als sie ihren Bericht über den Schlitten-Mann und ihre Einschlaf-Erkenntnisse in Sachen Isabell losgeworden war. »So …« Dann stakste er mit langen Schritten im Wohnzimmer auf und ab, blieb schließlich vor dem Wohnzimmerfenster stehen und sah lange hinaus.

»Hm …«, war der nächste Ton, den er von sich gab.

Heimlich schielte Kathrin auf die Armbanduhr. Noch vierzehn Minuten! Sie wusste, Giacomo dachte nach, und dabei durfte sie ihn nicht stören. Gleichzeitig raste der Sekundenzeiger Runde um Runde übers Zifferblatt.

»Hm ... in einem hast du Recht: Die Sache muss aufgeklärt werden. Sonst ufert sie aus und es kommt noch jemand auf die Idee ... WAS IST DAS DENN?!?«

Die letzten Worte brüllte der lange Hausmeister mit einer Lautstärke, als wollte er durch die geschlossenen Fenster Frau Nothnagels Trommelfell zum Platzen bringen. Denn die stieg in diesem Moment aus ihrem Uralt-Golf, den sie, alle polizeilichen und nothnagelschen Vorschriften missachtend, unmittelbar vor dem Schultor geparkt hatte. Und Beifall klatschte sie dabei.

Ihr Applaus galt einer Gruppe Erstklässler, die, von vier Müttern begleitet, in Zweierreihe auf den Schulhof marschierte.

»Sieh dir das an!«, donnerte Giacomo Pomeriggio. »Da fehlen nur noch die Blasmusik, ein paar Pioniertücher und für jeden Schüler ein Holzgewehr!«

Neugierig blickte nun auch Kathrin auf den Schulhof hinab. Die Mütter rahmten die Gruppe ein wie vier Offiziere – oder vier Polizistinnen, die einen Demonstrationszug vor Übergriffen gewalttätiger Passanten schützen wollen.

»Was soll das denn?«, grummelte Giacomo in seinen Vor-dem-Frühstück-Stoppelbart.

»Soll ich mal runterrennen und fragen?«

»Nee, das mach ich schon selbst. Komm!«

Kathrin hatte Mühe, Giacomo treppab zu folgen, denn der lange Italiener nahm mit jedem Schritt vier Stufen auf einmal, als er zur Haustür hinunterstürmte.

Als die beiden auf dem Schulhof ankamen, spielten die Erstklässler vor der Pausenhalle Fangen. Und die Mütter gaben ein Interview. Für die *Lummelsbacher Nachrichten.*

An Giacomos Seite drängte sich Kathrin in das Grüppchen Frauen, denen ein junger Lokalreporter sein Diktiergerät unter die Nasen hielt. »Und wer von Ihnen ist auf die Idee gekommen, diese Selbsthilfegruppe zu gründen?«

Die Frauen sahen sich an und eine kleine, rundliche antwortete mit kämpferisch klingender Stimme: »Von uns eigentlich niemand. Eigentlich war das Frau Nothnagels Idee. Als ich gestern meine Anna von der Schule abgeholt hab, hat sie mich angesprochen und mir von dieser Bande erzählt, und dass die Polizei nichts tut, und ob wir Eltern nicht eine ...« – jetzt lachte sie verlegen, bevor sie das nächste Wort aussprach – »... eine *Schutztruppe* gründen wollten, um die Kinder sicher zur Schule zu bringen.«

»Schutztruppe! Auf, auf! Marsch, Marsch! Jawoll! Zu Befehl!«, grölte mit einem Mal ein gewaltiger Bass über den Schulhof. Kommissar Spaghettis Bass.

Während die Frauen und der junge Reporter noch verunsichert zu dem Langen aufblickten, keifte ihn Frau Nothnagel auch schon von der Seite an: »Halten Sie sich da raus, Herr Pompelitzklo! Das geht Sie gar nichts an! Sie sind kein Lehrer und kein Vater und kein gar nichts! Hausmeister sind Sie. Noch!«

Das Noch schoss sie mit einer solchen Gewalt ab, dass Kathrin meinte, es bliebe ihr im Gehörgang stecken.

Langsam, ganz langsam klappte Giacomo Pomeriggio seinen Oberkörper zu seiner Vorgesetzten hinunter. Und lange, sehr lange sah er ihr in die Augen. Dann holte er hörbar Luft und sagte, wobei er jedes Wort betonte, in fließendem Hochdeutsch: »Ich werde diesem Hokuspokus ein Ende setzen, Frau Nothnagel. Ein baldiges und endgültiges Ende!«

Und ebenso langsam, wie er sich hinabgebeugt hatte, richtete er sich wieder auf und ging quer über den Schulhof und zum Schultor hinaus.

Der Reporter fand als Erster die Sprache wieder, wenn er auch bei seiner Frage ein wenig stotterte: »Äh, wie hat er denn das gemeint?«

Das fragte sich auch Kathrin. Eben noch hatte

sie den Eindruck gehabt, Giacomo betrachtete die Überfälle mit demselben Ernst wie sie, und jetzt ... Hm – wieso »und jetzt«? Ernst nahm er die Fälle ja, sonst hätte er sich kaum so aufgeregt. Aber warum sprach er dann von »Hokuspokus«? Seltsam, sehr seltsam ...

Kommissar Spaghetti war sich seiner Sache sicher – vom Gefühl her, denn beweisen konnte er nichts. Seine Nase sagte ihm: Da ist was faul, Giacomo ... Und diese Nase war es auch, die ihm den Weg auf die Schulstraße wies, wo an diesem Morgen deutlich mehr Autos hielten als gewöhnlich. Autos, aus denen Schulkinder kletterten, die sonst zu Fuß zur Schule gingen ...

Hinter einem Sechs-Zylinder-Breitreifen-Jeep blieb er stehen. Eben hatte sich der von seinem Vater chauffierte Sechstklässler verabschiedet. Doch sein Papa fuhr nicht gleich zur Arbeit weiter. Er wollte einem anderen Papa etwas zeigen.

»Hier, Herr Widder!«, trompetete er durch das geöffnete Seitenfenster seines Allrad-Super-Schlittens und reichte einem jung-dynamisch wirkenden Krawattenträger ein silberglänzendes Etwas.

Der jung-dynamische Herr Widder, der seine Tochter soeben mit einem Küsschen auf den Schulhof entlassen hatte, nahm dieses Etwas so

zögerlich und vorsichtig in die Hand, als handele es sich um ein in Öl getauchtes, rohes Ei.

Der Jeep-Fahrer lachte. »Keine Bange. Ist gesichert. Und außerdem: nur Gas. Aber täuschend echt, hab ich Recht?«

Herr Widder nickte. »Ja, wie echt. – Und was machen Sie damit?«

»Das fragen Sie noch? Damit werden die Kerle Bekanntschaft machen, wenn sie meinem Kevin zu nahe kommen!«

Herr Widder reichte die Gaspistole zurück ins Innere des Allrad-Monsters.

»Noch hab ich sie in Verwahrung«, verkündete der Jeep-Vater, »aber nach dem nächsten Überfall geb ich sie Kevin mit.«

»Einem Kind – also … erlaubt ist das nicht, oder?«

Papa Hilfscowboy brauste auf. »Na und? Soll ich etwa zusehen, wie sie meinen Jungen krankenhausreif schlagen?!«

Mit diesen Worten ließ er die Seitenscheibe nach oben surren und gab seinem Super-Gefährt die Sporen.

Kommissar Spaghetti hatte das Gespräch mit angehört. Kurz entschlossen sprach er den zurückgebliebenen Vater an.

»Guten Morgen, Herr Widder.«

»Äh … guten Morgen.«

»Was meinen Sie, sollten wir nicht was unternehmen gegen diese Hysterie?«

»Sind Sie nicht der Hausmeister?«, fragte Herr Widder zurück, und als Giacomo nickte, zuckte er verlegen die Schultern. »Eigentlich ja, aber wenn die Kinder wirklich in Gefahr sind …«

»Wenn sie in Gefahr sind, Herr Widder, wenn!!!«, entgegnete der Italiener und nickte dem nachdenklichen Vater zu, der sich mit einem leisen »Na, dann …« auf den Heimweg machte.

Als Giacomo wieder auf den Schulhof trat, läutete es zur ersten Stunde. Trotzdem machten die Schüler, die sich um Patrick Winter versammelt hatten, keine Anstalten, in die Pausenhalle zu gehen. Denn sie lasen Zeitung. Genauer gesagt: die neueste Ausgabe der ZEITUNG. Und noch genauer: die neueste Ausgabe der ZEITUNG, die Patrick mit in die Schule gebracht hatte. Das heißt – ganz genau genommen: eines der fünf Exemplare der neuesten Ausgabe der ZEITUNG, die Patrick – na, ihr wisst schon.

Kommissar Spaghetti ahnte nichts Gutes, als er mit langem Arm über die Köpfe der Jungen hinweg nach dem Schmierblatt griff. »Na, was gibt's denn da Interessantes?«

Stolz wie Oskar reichte Patrick ihm die aufgeschlagene Seite.

»Hier, das bin ich!«

Giacomo lief dunkelrot an, aber er sagte nichts. Das erste Foto zeigte Patrick in der Schulstraße. Ein Taschentuch vor die Stirn gepresst, kniete er auf dem Bürgersteig. *So hockte Patrick Winter da, nachdem ihn die Schläger zusammengetreten hatten. Niemand half ihm!*, klärte der Reporter seine Leser auf.

Auf dem zweiten Foto taumelte Patrick, die

Hände vors Gesicht geschlagen, über eine Terrasse. Darunter stand: *Vergeblich floh Patrick nach Hause. Seine Mutter war in Frankfurt. Einkaufen auf der Zeil. Sein Vater behandelte in seiner Groß-Gerauer Arztpraxis andere Patienten.*

Auf dem dritten Bild schließlich posierte Patrick mit einer kleinen, hageren Frau für den Fotografen. In trauter Zweisamkeit standen die beiden vor dem Schultor der Erich-Kästner-Schule. *Die Schulleiterin alarmierte die Polizei. Noch tappen die Beamten im Dunkeln. Wer ist das nächste Opfer?*, war dieses Foto untertitelt.

Giacomo Pomeriggio rastete aus. Dunkelrot vor Zorn raste er, die zusammengerollte ZEITUNG einer Waffe gleich in der Faust, über den Schulhof, durch die Pausenhalle, die Treppe zum Verwaltungstrakt hinauf.

Frau Nothnagel blickte nicht einmal auf, als er ins Lehrerzimmer stürzte. Wahrscheinlich registrierte sie sein geräuschvolles Eintreten gar nicht. Denn sie war beschäftigt. Mit Vorlesen! Vor ihr auf dem Konferenztisch lag eine Zeitung. Die ZEITUNG. Genauer: eines der fünf Exemplare der neuesten Ausgabe der ZEITUNG, die sie mit in die Schule gebracht hatte. »Und hier«, dabei hob sie die aufgeschlagene Seite in die Höhe, »hier steht das Wichtigste: *Die Schulleiterin alar-*

mierte die Polizei. Noch tappen die Beamten im Dunkeln. Wer ist das nächste Opfer?«

»Das ist genau die Frage, die ich mich stelle auch. Und stellen Sie sich vor, Signora Nothenagel, in diese *momento* weiß ich die Antwort auf meine Frage: Sie sind die nächste Opfer. Und wissen Sie, warum ich das weiß? Weil ich Sie mit diese Schmutzblatt in meine Faust werde in die Boden schlagen unangespitzt wie eine *palo*, Signora Nothenagel, wie eine Zaunpfahl von *Principessa Julchens* Schweinestall!«

Während die Rektorin noch nach Luft schnappte, piepste Frau Kertenbach-Besserkrott: »Ja, aber warum denn?«

»Halten Sie den Mund!«, keifte Frau Nothnagel die gütigste aller Lehrerinnen an. »Der Kerl ist es nicht wert, dass Sie ihm Fragen stellen! Und außerdem ist er entlassen! Fristlos entlassen!!!«

»Sie können mich mal!«, donnerte Kommissar Spaghetti zurück, knüllte die ZEITUNG zu einem faustgroßen Knäuel zusammen, ließ es fallen und kickte es zielsicher auf Frau Nothnagel.

Reflexartig fing die das Geschoss auf und schleuderte es zurück. Aber sie traf nur die Tür, die der lange Italiener eine Sekunde zuvor mit einer solchen Wucht zugeknallt hatte, dass der Schlüssel aus dem Schloss gesprungen war.

»Lieber Gott!«, stöhnte Frau Kertenbach-Besserkrott und Herr Sack war so verwirrt, dass er seinen Frühstücks-Landjäger samt Plastikfolie in den Mund stopfte.

Was war los in der Erich-Kästner-Schule?

Was brachte Kommissar Spaghetti derart auf die Palme?

Was veranlasste Frau Nothnagel ihm eine Kündigung auszusprechen, die kein Gericht der Welt als rechtens anerkennen würde?

Fragen über Fragen. Und die Antworten blieben aus.

7

Fragen über Fragen, sagte auch Kathrin, als sie mit Manu, Pelle, Gameboy-Benny, Mecki und José in einer Ecke des Klassensaals den Stand der Dinge diskutierte. Jawohl: auch mit Mecki und José! Der Ernst der Stunde verlangte Solidarität. Zusammenhalt war angesagt, für persönliche Streitereien war dies nicht der Zeitpunkt.

»Was tun?«, fragte Mecki. »Was die Eltern machen, find ich ja ganz okay. Aber wie Giacomo sich benimmt ... Langsam mach ich mir Sorgen um ihn, echt.«

Allgemeines Nicken.

Allgemeines Schweigen.

»Vielleicht geh ich nach der Schule mal zu ihm«, schlug Pelle vor.

Allgemeines Nicken.

Allgemeines Schweigen.

»So, ihr Lieben dahinten in der Ecke, seid ihr bitte so nett und setzt euch zu uns? Wir würden gern mit dem Unterricht beginnen.«

»Ach-du-liebes-Kind!«, stöhnte José und er meinte damit Frau Kertenbach-Besserkrott, die bereits seit drei Minuten in der Klasse war, ohne dass die Verschwörer es bemerkt hätten.

Leider bot dieser Schultag den Detektivinnen und Detektiven der Erich-Kästner-Schule keine Gelegenheit mehr, sich gemeinsam zu überlegen, wie sie die Antworten auf all die drängenden Fragen finden könnten. Denn in der Fünf-Minuten-Pause zog es Frau Kertenbach-Besserkrott ebenso wenig ins Lehrerzimmer wie in der großen Pause. Also blieb sie einfach in der Klasse sitzen und ließ sich von Alex die neuesten Witze erzählen. Nach der zweiten Stunde bat sie ihre Schüler, nicht auf den Schulhof zu gehen, sondern gemeinsam mit ihr die Vorbereitungen für die bevorstehende Klassenfahrt abzuklären. Normalerweise sollten die Pausen Pausen bleiben, aber wenn eine Lehrerin sich vor den zu erwartenden Wutanfällen ihrer megawütenden Vorgesetzten drücken will, setzt sie sich schon mal über ein schulisches Gebot hinweg...

Tja, und dann kam Herr Sack und schrieb die angekündigte Mathearbeit, und nach der Mathearbeit blieb auch er in der Klasse und ließ sich von Alex die neuesten Witze erzählen. Zudem goss es in Strömen und die Kinder mussten im Schulhaus bleiben. Schließlich die Besprechung der Mathearbeit – Schulschluss – aus. Denn vorm

Schultor standen schon die Eltern bereit, um diejenigen Mädchen und Jungen, die nicht mit dem Schulbus fuhren, abzuholen. Pech, Pech und noch mal Pech.

Auch Angela sollte abgeholt werden. Aber das klappte nicht wie geplant. Denn ihre Mutter hatte am Morgen, als sie ankündigte, nach Schulschluss vor Elektro Riedel auf ihre Tochter zu warten, nicht daran gedacht, dass sie zur selben Zeit einen Termin beim Zahnarzt hatte. Das schaff ich noch, hatte sie gedacht, als sie losfuhr, aber dann musste der Zahn gezogen werden, die Sache wurde schwierig und schmerzhaft, und als Angelas Mutter endlich mit zittrigen Knien die Zahnarztpraxis verließ, war ihre Tochter schon allein auf dem Heimweg – wo sie von einem jungen Mann angesprochen wurde …

Dieser »junge Mann« war ihr allseits als Großmaul verschriener Schulkamerad Steven Weckmann aus der 8c. Er schaute sich nach allen Richtungen um, bevor er sich an die kleine Angela heranschlich wie der Löwe an die Gazelle. »Hi, Angela!«

»Hi.«

»Ganz schön blöd, das mit den Überfällen, was?«

»Mm.«

»Besonders so als Mädchen.«

»Mm.«

»Ich könnt ja vielleicht noch wegrennen, wenn sie mich angreifen. Aber du . . .«

Angela ging schneller. Zu blöd, dieser Steven! Was wollte er eigentlich von ihr? Wollte er ihr Angst machen? Das brauchte er nicht. Angst hatte sie auch so schon genug.

Steven hielt mühelos mit Angela Schritt. Und als er weitersprach, senkte er die Stimme, als wollte er damit sagen »So, jetzt kommt's!«: »Wenn du willst, könnte ich dich beschützen.«

»Du? Wieso denn das?«

Jetzt rannte Angela schon fast. Denn sie spürte, dass sie gleich losheulen müsste. Blöder Typ, dieser Steven!

»Nur so, weil ich dich ganz nett find. Und … du könntest ja auch nett zu mir sein.«

»So, könnt ich das?«

»Mm. Leistung gegen Leistung.«

Jetzt fing Angela an zu laufen. Steven joggte locker neben ihr her.

»Ich hab da so an … an zehn Mark gedacht. Pro Woche.«

Abrupt blieb Angela stehen. »Waaas?!?«

Auch Steven blieb stehen. Und grinste Angela an.

Plötzlich wurde Angela knallrot. Aber nicht vor Scham! Wütend war sie. Und wer Angela kannte, der wusste, das kam nur alle drei Jahre einmal vor. So wütend, dass sie Steven anschrie: »Du spinnst wohl, was? Hau bloß ab!«

Damit hatte er nicht gerechnet. Er war so verdutzt, dass er zu keiner Erwiderung fähig war. Wie ein geprügelter Straßenköter ließ er die Schultern hängen und trottete von dannen.

»Überleg's dir«, murmelte er noch, aber das hörte Angela schon nicht mehr.

So schnell Angelas Wut entbrannt war, so schnell ebbte sie auch wieder ab, und wenn

Mecki nicht bei ihr angerufen hätte, wer weiß, ob sie die Sache mit Steven jemals jemandem erzählt hätte …

»Ja, hallo?«, meldete sich Angela am Telefon. Mehr sagte sie nie.

»Hi, Angela! Hier ist Mecki!«, tönte es unternehmungslustig aus dem Hörer. »Ich muss einfach mal mit jemandem reden. Wegen der Schulweg-Geschichte. Ich hab da voll das Karussell im Kopf. Erst wollte ich Kathrin anrufen, aber da nimmt keiner ab, und da hab ich mir gedacht, ich ruf mal die Angela an, die hat zu der ganzen Geschichte noch gar nichts gesagt, und ihre Gedanken hat sie sich dazu bestimmt schon gemacht. Stimmt's oder hab ich Recht?«

»Na ja, hm …«

Mecki lachte laut auf. »Ganz meiner Meinung. Ich tappe genauso im Dunkeln! Aber mal im Ernst: Meinst du, die Typen kommen aus Lummelsbach?«

»Die nicht, aber …« Angela biss sich auf die Unterlippe. Das hatte sie gar nicht sagen wollen. Es war ihr von ganz allein rausgerutscht. Oder besser: rausgeschossen – mit dem Sprengstoff der Wut auf Steven, die sie zwar auf dem Heimweg heruntergeschluckt, aber noch längst nicht verdaut hatte.

Natürlich registrierte Mecki Angelas Stocken und all ihre detektivischen Alarmglocken schrillten auf einmal los.

»Aber? Was aber?«

Angela druckste noch ein bisschen herum, doch damit kam sie nicht weit.

Mecki kannte ihre Klassenkameradin gut genug, um zu wissen, dass sie etwas wusste. Etwas, das eventuell Licht in das Dunkel bringen könnte. Also fragte sie noch einmal nach: hartnäckig und gezielt: »Na los, spuck's schon aus! Was wolltest du damit sagen, dass *die* nicht aus Lummelsbach kommen. Wenn die nicht, wer dann?«

»Na, halt dieser fiese Steven.«

»Der Steven Weckmann? Aus der 8 c?«

»Genau der.«

»Und? Was ist mit dem?«

»Der hat mich auf dem Heimweg blöd angequatscht ...«, und so weiter und so fort erzählte Angela ihrer Klassenkameradin von dem »Geschäft«, das der fiese Steven ihr angeboten hatte.

Mecki staunte nicht schlecht. »Bah! Das ist voll der Hammer!«, dann zögerte sie einen Moment, um die überraschte Angela schließlich vor die vollendete Tatsache zu stellen: »Weißt du, was wir jetzt machen? Jetzt fahrn wir zu Giacomo. Und dem erzählst du die ganze Geschichte noch mal.

Irgendwie hab ich das im Gefühl: Genau diese Info hat noch gefehlt, um ihm Feuer unterm Hintern zu machen. Also los, auf zu Kommissar Spaghetti!«

»Ja, aber ich muss noch …« – Mathe machen, wollte Angela einwenden, da hatte Mecki schon aufgelegt.

Zum Glück hatte Angelas Mutter eine Schmerztablette genommen und sich ins Bett gelegt. So konnte Angela ihr einen Zettel auf den Küchentisch legen: *Ich fahre mal kurz zu Mecki. Um 6 bin ich wieder hier. Angela.*

Denn anlügen konnte sie ihre Mutter nicht. Mündlich nicht. Dabei wurde sie immer rot…

8

Kommissar Spaghetti telefonierte, als Angela bei ihm eintraf. Deshalb öffnete ihr Mecki die Tür zur Hausmeisterwohnung.

»Hi, Angela! Ich bin auch grad angekommen. Ich hab Giacomo schon informiert. In Stichworten. Hier ist voll der Bär los. Jetzt macht er ’nen Rundruf. Giacomo, mein ich. Uns hat er auch schon angerufen, aber wir waren ja nicht da.«

Mecki wollte sich über ihren Witz kaputtlachen, während sie die Treppe hinaufstürmte.

Als Angela ins Wohnzimmer trat, nickte ihr Kommissar Spaghetti augenzwinkernd zu und zeigte dabei auf den Sessel neben dem Schaukelstuhl, in den Kathrin sich pflanzte. Angela setzte sich.

Ausgesprochen gut gelaunt setzte Giacomo sein Telefongespräch fort: »Prima, ’ne Pudelmütze ist ideal … Ja, einfach mit der Schere … Und du bist ganz sicher, dass Bennys Cousin Eishockey spielt? … Okay, ich ruf ihn gleich an. Also dann, *ciao,* Pelle!«

Giacomo legte den Hörer auf, grinste die Mädchen mit nach oben gestrecktem Daumen

an, tippte die nächste Nummer in den Apparat, um zehn Sekunden später loszusülzen: »Hier Pomeriggio. Guten Tag, Frau Horster. Dürfte ich bitte mal Benny sprechen? Es geht um eine Aktion für Frau Nothnagels Geburtstag. Wir wollen sie überraschen.«

Angela warf Mecki einen fragenden Blick zu: Was ist denn jetzt wieder los?

Mecki schwang sich mit einem Schaukelschubs aus Giacomos Lieblingsmöbel und flüsterte ihrer Klassenkameradin ins Ohr: »Das wird ’ne super Aktion. Pass mal auf, den andern erzählt er voll was anderes!«

Zwei Minuten später konnte Angela sich davon überzeugen, dass Mecki nicht übertrieben hatte. Aber was das Ganze sollte, wusste sie immer noch nicht.

»Hallo, Patrick! Na, was macht die Wunde? Tut’s noch weh?«, eröffnete Kommissar Spaghetti das nächste Gespräch. Und nachdem der verdutzte Patrick Winter ihm berichtet hatte, dass er nur noch ab und zu ein Ziehen in der Stirn verspüre, schob er die entscheidende Frage nach:

»Hast du Lust, im Fernsehen zu zeigen, wie sie dich überfallen haben?«

Im Fernsehen? Und ob Patrick Lust dazu hatte ...!

Als Nächsten rief Giacomo einen gewissen Vater an.

»Pomeriggio. Guten Tag, Herr Lutz. Sie treten doch für die Bewaffnung der Kinder ein … Hätten Sie nicht Interesse …?«

Natürlich hatte Herr Lutz Interesse …

So ging es weiter. Die Mütter von der frisch gegründeten *Schutztruppe* lud Giacomo ebenso ein wie Frau Kertenbach-Besserkrott und Herrn Sack – und alles in perfektem Hochdeutsch.

Nur im letzten Gespräch radebrechte er, was das Zeug hielt. Kein Wunder, denn die »Dame« am anderen Ende der Leitung war das so gewohnt und Giacomo wollte sie nicht enttäuschen …

»Hallo, Signora Nothenagel! Hier spricht Ihre geliebete Hausmeister … *No!* Legen Sie nicht auf, Sie könnten es bereue bis an ihr baldiges Lebensende! … Gut, dann legen Sie sich auf! Aber vergessen Sie nicht: Ich werde an Ihre Stelle in die Fernseher die entscheidende Interview von die Vorkommnisse an diese Schule geben – *inclusivamente,* jawohl, einschließlich meine Einschätzungen von Ihre unmögliche Verhalten als Ober-Schutztruppen-Führerin!«

Fast eine Minute lang legte Kommissar Spaghetti den Telefonhörer auf dem Tisch ab – so

lange, wie das Kreischen einer Kreissäge aus dem Hörer drang, die den Stamm einer hundertjährigen Eiche der Länge nach durchzuschneiden schien. Dabei blinzelte er den Mädchen siegessicher zu.

Kathrin grinste zurück. Angela konnte sich nur mit Mühe ein Lächeln abringen. Sie verstand überhaupt nichts mehr, und das ärgerte sie. Was wurde hier gespielt? Von was für einer Fernsehsendung faselte Giacomo? Und warum sagte er nicht allen dasselbe? Oder hatten die Pudelmütze und der Eishockeyclub, über die er mit Pelle gesprochen hatte, mit dem Fernsehen zu tun?

Bevor sich Angela der Lösung dieses Rätsels auch nur annähern konnte, hob der lange Italiener den Hörer wieder ans Ohr.

»*Bene,* Signora Nothenagel, wie Sie meinen. Aber *ich* meine die Gegenteil von Ihre Meinung, wie Sie wissen. Und deshalb werde ich in alle Öffentlichkeite, vor Millionen von Zuschauerern, deutlich machen, dass Sie ... Bitte, was kreischen Sie, verirrte Signora? ... Ah, Sie haben es sich anders überlegt? Sie wollen doch lieber selber ...? *Va bene,* Signora Nothenagel, *va bene!* Selbstverständlich ... Bitte? Eine Frage noch? Fragen Sie, Signora Nothenagel! Nichts ist mir lieber als

Ihre Interesse an die von mir organisierte Fernsehsendunge zu die organisierte Überfälle in unsere außerordentlich ordentliche Orte Lummelsbach ... Bitte? ... Warum ausgerechnet ich ...? ... Oh *no,* Signora Nothenagel, ich organisiere die Sendunge – aber nicht *per me, no!* Nicht für meine Persone, sondern – wenn Sie so wolle – gegen meine eigene Überzeugunge für die Persone von meine Freundin, die von Ihre Persone, verirrte Signora Nothenagel, persönlich bekannte Signora Bizzl ... *Si,* die bekannte Fernseh-Moderatorinne Charlotte Bizzl, der ihre Leibeswächter Fürchtegott Lohengrin, Prinz von und zu Nieder-Kainsbach, Sie, Signora Nothenagel, hatten die Freude auszuschalten mit eine Ladung Schaum aus die von mir eigenhändig inspizierte Feuerlöscher in die Pausenhalle ... *Si,* Signora Nothenagel, ich erwarte Sie an die Tatorte! Und ... äh ... Sie wissen, wie schwer mir fallen diese Worte: *Tante grazie,* viele, viele Dank!«

»Hahaaaaa! Hihiiii!«, johlte der lange Italiener, nachdem er den Hörer auf den Apparat geknallt hatte. »Hohohoooooo! Die haben wir im Sack! Im Sack! Im Sack!! Im Sack!!!« Dazu hüpfte er wie ein wild gewordener Tanzbär durch das Wohnzimmer und schlug dem verdutzten Benny-

Känguru zu jedem Ausrufezeichen auf die Schulter: Im Sack! Im Sack!! Im Sack!!! Angela verstand immer noch nicht, was los war, aber das sollte sich jetzt ändern.

Kommissar Spaghetti klatschte in die Hände. »Die Jungen werden gleich hier sein, also los: Unser Schlachtplan . . .!«

9

Am nächsten Tag um dieselbe Zeit stand Patrick Winter vor dem großen Spiegel im Schlafzimmer seiner Eltern und probierte die zwölfte Jeans an. Das war auch nicht die richtige! Wütend riss er sie sich von den Beinen, um den dreizehnten Versuch zu starten. Wieder nichts. Der Verzweiflung nah, griff er nach der letzten Hose. Eine Drehung nach rechts, eine nach links … Auch nichts. Mist! Und jetzt? Wieder von vorn!

»Patrick, wo bleibst du denn? In zehn Minuten müssen wir dort sein!«

Das war Patricks Mutter. Um den Fernsehauftritt ihres Sohnes live mitzuerleben, hatte sie kurzfristig einen Tag Urlaub genommen. Was tut man nicht alles für seine Kinder …

»Patrick, nun beeil dich doch! Wir kommen noch zu spät!«

Patrick zog mit geschlossenen Augen eine Jeans aus dem Hosenberg, den er neben dem Bett seiner Eltern aufgetürmt hatte. Bingo! Ausgerechnet die rote hatte er erwischt, die seine Mutter nicht ausstehen konnte. Egal: reingeschlüpft, ins Bad gestürzt, ein Pfund Gel auf die streichholzlangen Stoppeln …

»Patrick!!!«

»Ich komm ja schon!«

… die Treppe runter …

»Die rote Hose – sag mal, muss das sein?«

… und rein in Mutters Cabrio.

Fünf Minuten später bog der rote Oben-ohne-Sprinter in die Schulstraße ein.

»Geil! Mindestens fünfzig Leute!«, jubelte Patrick, als sie sich dem Treffpunkt auf hundert Meter genähert hatten.

Seine Mutter runzelte die Stirn: »Komisch, scheint gar kein Ü-Wagen da zu sein.«

Patrick warf ihr einen mitleidigen Blick zu: »Ist doch keine Live-Übertragung! Aufzeichnen können sie das so, mit 'ner normalen Kamera.«

»Und wo ist die?«

»Mensch, nun hör doch auf!« Immer hatte seine Mutter was zu meckern, schrecklich!

Patrick bedauerte schon, dass er ihr überhaupt was von der Fernsehsendung erzählt hatte, da winkte ihm Kommissar Spaghetti zu. Dass Kathrin dem Hausmeister im selben Moment in die Seite boxte und dabei »Gott sei Dank!« murmelte, konnte er natürlich nicht hören.

Als wollte er die Kaiserin von China begrüßen,

schoss Giacomo auf den roten Oben-ohne-Flitzer zu.

»Hallo, Frau Winter! Wie schön, dass Sie mitgekommen sind! Vielleicht werden Sie ja auch interviewt! «

»Ach, wissen Sie, daraus mache ich mir überhaupt nichts«, gurrte Patricks Mutter, bevor sie die Fahrertür mit einem satten Blopp ins Schloss fallen ließ. »Und außerdem: Heute ist Patrick der Star, nicht ich.«

»Das kann man wohl sagen!«, strahlte Kommissar Spaghetti und boxte dabei Kathrin in die Seite, was außer ihr niemand mitbekam.

Inzwischen war die Menschentraube auf über sechzig Personen angewachsen und immer noch kamen weitere hinzu.

Ein Zauberwort war es, das die Kinder und Jugendlichen veranlasste ihren Weg zum Bäcker oder die Heimfahrt zu unterbrechen: FERNSEHEN.

»Echt? Hier wird gleich gefilmt?«

»Und wann wird das gesendet?«

»Kommen wir dann auch ins Fernsehen?«

»Super, da bin ich dabei!«

Vor allem für die Kinder und Jugendlichen, die auf Fahrrädern und mit Inline-Skates bei dem Menschenauflauf Halt machten, war das Fernsehen weitaus interessanter als der Anlass, zu dem die TV-Leute offensichtlich erwartet wurden.

Bei den Erwachsenen war das anders. Hier war es das Wort GANGSTER, das vor allem in der Gruppe der Väter, die sich vor dem Schaufenster der Bäckerei versammelt hatten, die Runde machte.

»Diese Gangster! Aus Frankfurt kommen die hierher. Weil ihnen das Pflaster in der Großstadt zu heiß geworden ist. Und hier bei uns glauben sie, sie können machen, was sie wollen.«

»Die Polizei versagt doch total. Wenn wir nicht selbst für den Schutz der Kinder sorgen, tut es niemand.«

»Wenn ich einen von denen zwischen die Finger kriege, der überfällt kein unschuldiges Kind mehr, darauf können Sie Gift nehmen!«

»Die Gesetze sind doch viel zu lasch. Da kann doch jeder Gangster tun und lassen, was er will.«

Inmitten dieser aufgeregten, neugierigen, sensationslüsternen, besserwisserischen Menschentraube gab Patrick – mit geschwellter Brust und feuchten Händen – ein Interview nach dem andern. Nicht fürs Fernsehen. Und auch nicht für die Zeitung. Nein – den Eltern, Passanten und Fünftklässlern, die ihn immer wieder nach dem Überfall befragten, malte er in den blü-

hendsten Farben aus, wie schlimm es ihm ergangen war und wie tapfer er sich gewehrt hatte.

Die kleine Isabell Blücker fragte niemand. Schüchtern stand sie mit ihrer Oma abseits des Trubels und harrte der Dinge, die da kommen sollten.

Und diese Dinge kamen ... In Gestalt eines ein Meter neunundneunzig langen italienischen Hausmeisters namens Giacomo Pommeriggio, der sich in diesem Augenblick zu Patrick Winter hinabbeugte.

»Patrick, komm doch bitte mal einen Moment mit auf die Seite.«

Patrick brachte den angefangenen Satz mit den Worten »Echt, die waren voll brutal« zu Ende und folgte Giacomo – an der Vätergruppe vorbei – bis zur nahe gelegenen Bushaltestelle.

Dort blieb der Hausmeister stehen und schaute Patrick mit wildem Verschwörerblick in die Augen.

»Du weißt ja, hier war es nicht.«

Patrick nickte. »Nee, dahinten, bei der Brücke.« »Genau – das hast du mir damals ja auch gesagt, als ich dich zu Doktor Knochel gebracht habe. – Also, ich hab Folgendes mit den Fernsehleuten abgemacht: Sie warten dort im Gebüsch auf dich. Gleich hinter der Brücke. Wenn du Glück hast, kannst du sie sehen. Der Kameramann hat ein rotes T-Shirt an.«

Patrick linste angestrengt zu der kleinen Straßenbrücke hinüber, unter der der Lummelsbach träge dahinfloss.

»Ja, ich glaub, ich seh ihn.«

»Na prima, dann kann's ja losgehen! Weißt du, die Fernsehleute wollen das aufnehmen, wie du über die Brücke gehst, mein ich. Und hinterher interviewen sie dich. Aber äh …« Einen Augenblick zögerte Kommissar Spaghetti, bevor er weitersprach. »Da ist noch was … Ich bin nicht ganz sicher, ob ich dir das sagen soll … Hm … na gut, ich glaube, du bist nicht besonders ängstlich, oder?«

Patrick hielt die Luft an, blickte schnell mal zu seiner Mutter rüber, die im Zentrum einer Mütterclique ein Interview zum Thema »So erzieht man Helden« zu geben schien, bevor er drei Phon lauter als nötig »Nö!« sagte.

Giacomo nickte. »*Bene,* hab ich auch nicht anders erwartet. Also, dann will ich dir sagen, was keiner von denen da weiß: Vor zwei Stunden hab ich einen anonymen Anruf gekriegt.«

Patrick wurde blass um die Nase, während Kommissar Spaghetti leise und eindringlich fortfuhr: »Eine Männerstimme. Oder Jungenstimme, wie man will. *Wir kommen auch ins Fernsehen,* hat der Anrufer gesagt. *Wie damals in Houston.* Weiter nichts. Dann hat er aufgelegt.«

»Aufgelegt«, flüsterte Patrick, etwas anderes fiel ihm dazu nicht ein.

Kommissar Spaghetti nickte ihm zu. Wieder mit diesem wilden Verschwörerblick. »In Houston, verstehst du?«

Patrick nickte und schüttelte den Kopf. Giacomo Pomeriggio hatte ihn total verwirrt. Und verunsichert.

Mit Verschwörerstimme klärte der lange Italiener auf: »Vor drei Jahren war das, glaube ich, da haben in Houston, Texas, bei einem Ortstermin – also, als der Staatsanwalt und das FBI mit dem Opfer noch mal am Tatort waren und das Ganze vom Fernsehen aufgezeichnet wurde –, da

haben die Täter das Opfer vor den Augen des Staatsanwalts und der FBI-Beamten noch mal überfallen. Am Tatort des ersten Überfalls. Live sozusagen. Im Fernsehen. Millionen Zuschauer haben das miterlebt. Sie haben das Opfer niedergeschlagen und sind geflohen. Das ging alles so schnell und war so unglaublich, dass die Beamten ein paar Sekunden brauchten, um zu kapieren, was los war. Na ja, und bevor sie hinter den Gangstern her sind, waren die schon über alle Berge. So, und jetzt kommt der eigentliche Gag an der Geschichte: Später ist rausgekommen, dass die Fernsehleute nicht nur von dem Überfall wussten, sondern dass sie die Täter sogar dafür bezahlt hatten. Für diesen zweiten Überfall vor laufenden Fernsehkameras … Verstehst du?«

Patrick nickte. Nicht nur um die Nase war er jetzt blass.

Kommissar Spaghetti klopfte ihm beruhigend auf die Schulter. »Keine Bange, wir sind hier ja nicht in Amerika. Obwohl, ein bisschen seltsam ist es schon, dass mich ein Fremder anruft und sich exakt auf diesen Vorfall in Houston bezieht.«

Patrick nickte und schielte zum zweiten Mal zu seiner Mutter rüber.

Giacomo deutete den Blick richtig. »Wenn du

willst ... jetzt kannst du noch mit deiner Mutter nach Hause fahren ...«

Schnell und heftig schüttelte Patrick den Kopf. »Ehrlich gesagt, das hätte ich auch nicht von dir gedacht!«, machte der lange Italiener ihm Mut. »Außerdem, die tapferen Männer und Frauen von der Schutztruppe sind ja auch noch hier. Äh ... und ...«

Wieder stockte er und schien gleichzeitig die Wirkung abzuwarten, die der angefangene Satz auf Patrick machte.

Der guckte ihn wie ein angeschossener Hase an: Und was...?

»Ja, also ... vielleicht sollte ich dir das auch nicht vorenthalten: Das Opfer – damals in Texas –, das wurde natürlich durch diesen Live-Überfall berühmt. Weltberühmt, kann man schon sagen. Denn die Sache ging durch alle Medien. Zeitungen, Zeitschriften, Rundfunk, Fernsehen ... Zu guter Letzt hat der Überfallene sogar Werbeverträge abgeschlossen. Für Alarmanlagen, glaube ich. Oder Trillerpfeifen. So genau weiß ich das nicht mehr. Ist ja auch egal. Wie gesagt: Wir sind hier ja nicht in Amerika.«

Der Hausmeister legte Patrick mit einer beruhigenden Geste die Hand auf die Schulter. »So, mein Junge, wie ist es? Gehst du jetzt rüber zur

Brücke? Dann sag ich den Zuschauern, sie sollen ein bisschen leiser sein, damit es sich im Fernsehen nicht so anhört, als wären wir hier auf dem Rummelplatz.«

Patrick nickte. Und während er, blass wie ein molkereifrischer Camembert, auf die knapp fünfzig Meter entfernte Brücke zuschlich, informierte Kommissar Spaghetti die wartenden Eltern und Schüler darüber, dass im Gebüsch neben der Brücke eine Fernsehkamera versteckt sei und dass Patrick, wenn er die Brücke erreicht hätte, von der Redakteurin interviewt werden würde.

Schlagartig verstummten die Gespräche und alles starrte neugierig und gespannt hinter Patrick Winter her, dessen Schritte immer langsamer wurden, je näher er der Brücke über den Lummelsbach kam.

Dreimal drehte er sich um und jedes Mal winkte ihm seine Mutter zu. Ach, war sie stolz auf ihren Jungen!

Jetzt hatte Patrick die Brücke erreicht. Ein wenig unschlüssig trippelte er von einem Bein aufs andere und lugte dabei ins nahe Gebüsch.

Noch einmal schaute er sich um, als wollte er sagen: Und was nun? Wann kommen die Fernseh-Typen denn endlich – da ließ ihn ein Schrei zusammenfahren.

»Aaaaaaaaa! Patriiiiick!!!«

Seine Mutter hatte geschrien. Und mit ihr drei, vier andere Frauen. Die ganze Eltern-Schüler-Clique stand da wie gelähmt und starrte die drei Gestalten an, die aus dem Gebüsch gesprungen waren und nun Patrick umringten – drei gedrungene, aber wahnsinnig muskulöse Kerle, mit schwarzen Jeans und schwarzen Pullis bekleidet, mit Masken über den Köpfen, wie sie jeder aus dem Fernsehen kennt: Bankräubermasken mit diesen unheimlichen Öffnungen für Augen und Mund …

»Patriiick!!!«, schrie Frau Winter noch einmal, dann spurtete sie los.

Auf halbem Weg keuchte der Gaspistolen-Supervater mit gezückter Waffe an ihr vorbei, gefolgt von den Mamas und Papas der Schutztruppe – ein FBI-Einsatz war nichts dagegen.

»Halt!«, brüllte Kommissar Spaghetti. »Keine Bewegung!«

Sofort blieb die FBI-Horde stehen.

Doch die schien der Italiener gar nicht gemeint zu haben. Wie aus dem Nichts war er plötzlich neben der Brücke aufgetaucht, wo er nun, fünf Meter von Patrick und seinen Peinigern entfernt, mit gezücktem Revolver dastand. »So, langsam aufstehen, und rüber zur Brücke!«

Die drei schwarzen Gestalten gehorchten zögernd.

»Die Hände aufs Geländer! Beine breit! Na wird's bald!«

Wie im Fernsehen standen sie da. Wie echt!

Patrick stand mit offenem Mund da und rührte sich nicht. Seine Mutter war bei ihm und nahm ihn in den Arm.

»Patrick!« Das war wieder Kommissar Spaghettis Bass. »Hast du die drei schon mal gesehen?« Patrick nickte.

»Bist du sicher?«

Patrick nickte wieder.

»Ist irgendwas an ihnen, woran du sie er-

kennst? Was dir beim ersten Überfall auch aufgefallen ist? Komm doch mal ein bisschen näher.«

»Was soll der Unfug!«, motzte der Gaspistolen-Papa. »Die Sache ist doch klar, das sind die Gangster! Wollen Sie sie mit ihrem Hokospokus etwa noch decken, oder was?«

»Ganz im Gegenteil! Und jetzt Ruhe bitte!«

Kommissar Spaghetti sagte diese Sätze so nachdrücklich, dass der Pistolenheld ihm nicht zu widersprechen wagte.

Langsam ging Patrick, von seiner Mutter am Arm gehalten, auf die drei Gestalten am Geländer zu.

»Nun?«, fragte Giacomo noch einmal. »Erkennst du irgendetwas an ihnen wieder?«

Patrick nickte eifrig. »Ja, klar. Der Linke. Den grünen Button mit dem Monster drauf. Den hatte er auch an, als sie mich überfallen haben.«

»Und die andern? Waren die beim ersten Überfall auch so gekleidet?«

»Jaja. Ganz genauso. Das Halstuch, das der in der Mitte umhat. Daran erinnere ich mich genau!«

»Na wunderbar! Damit haben wir den Täter ja schon so gut wie überführt. Und der Dritte? Ist an dem irgendwas...«

»Die Schuhbänder. Das eine ist schwarz, das andere weiß. Das hab ich genau gesehen, weil er mich mit dem Fuß getreten hat.«

»Beim ersten Überfall?«

»Jaja, klar.«

»Sagen Sie mal, was soll das eigentlich? Wir haben die Gangster auf frischer Tat gestellt, und Sie...«

»Gangster?«, fragte Kommissar Spaghetti, und mit dieser Frage wandte er sich an den motzenden Gaspistolen-Papa.

»Ja, Gangster! Was soll das denn nun wieder?«

»Meinen Sie nicht, dass die drei für ausgewachsene Gangster ein wenig klein geraten sind?«

»Klein, was heißt denn klein!«, regte der Mann sich auf. »Das sind halt Ausländer. Die sind nicht so groß wie wir, wie … wie …«

Jetzt kam er ins Stottern, denn Giacomo hatte sich mit zwei langen Schritten neben ihn gestellt und fragte ihn nun aus lichter Höhe: »Nicht so groß wie wir Italiener, wollten Sie sagen, oder?«

»Neinnein, ich meine … so hab ich das nicht gemeint … Ich betrachte Sie … Sie ja nicht mehr als Ausländer …!«

»Schluss jetzt mit dem Unfug!«, keifte eine unangenehm hohe und unangenehm laute Stimme dazwischen. »Holen Sie gefälligst die Polizei, Herr Pommerittko, anstatt die Eltern zu verärgern, die sich in vorbildlicher Weise für Leben und Gesundheit der Kinder eingesetzt haben!«

»Das wollen *Sie* mir befehligen, Signora Nothenagel? Ausgerechnet *Sie*, die Sie mir meinten entlassen zu müssen, obwohl Sie mir nicht entlassen können? Pfui! Wissen Sie, was Sie dafür verdienen? Sie verdienen, dass ich Sie …«

Langsam und drohend ging Kommissar Spaghetti auf die hagere Schulleiterin zu, die Pistole mit ausgestrecktem Arm auf sie gerichtet.

Und langsam und ängstlich wich Frau Nothnagel vor ihm zurück, mit bebenden Lippen, die kaum hörbar immer wieder denselben Satz formten: »Lassen Sie den Unfug, Herr Pommericko!«

»Pomeriggio!«, verbesserte sie der lange Italiener noch, dann drückte er ab und der Strahl aus seiner Wasserpistole traf die Rektorin mitten auf die Stirn.

»Iiiih!«, schrie eine der Schutztruppenmütter auf, aber ihr Schrei ging in dem Gelächter unter, mit dem sich die Spannung, einem Gewitterregen gleich, entlud.

Die Eltern lachten nicht. Aber die Schüler. Spaghetti spritzte die Nothnagel mit der Wasserpistole nass, und die machte sich dabei vor Angst fast in die Hose. Super!

»Das werden Sie mir büßen!«, murmelte die Rektorin und dann schrie sie los: »Ich werde Sie anzeigen!«

»Bitte sehr, ich nehme Ihre Anzeige gern zu Protokoll!«

»Nein!!!« Frau Nothnagel wankte. Denn der Beamte – der echte Beamte –, der diesen Satz zu ihr sagte, war niemand anders als der Lummelsbacher Polizist, über den sie sich so bitter beschwert hatte. Das durfte doch nicht wahr sein. »Wo … wo … was wollen Sie denn hier?«, versuchte sie ihn anzukeifen. Aber das misslang ihr total. Das Keifen war lediglich ein hochtöniges

Stammeln, welches, zum zweiten Mal an diesem Nachmittag, die Lachnerven der anwesenden Schüler bis zur Anspannung reizte.

»Ich bin hier auf Einladung von Herrn Pomeriggio«, klärte der Beamte die Anwesenden auf. »Und zwar, um eine Straftat zu Protokoll zu nehmen.«

Sofort witterte Frau Nothnagel Morgenluft. »Na, sag ich doch, sag ich doch«, kreischte sie los. »Dann tun Sie endlich ihre Pflicht!«

»O ja, das werde ich auch. Aber nicht wie Sie denken! Denn die Straftat lautet *Irreführung der Polizei.* – Patrick Winter!« Mit diesen Worten wandte er sich dem verdutzten Patrick zu, dessen Gesicht von Camembert-Weiß zu Kalkweiß wechselte.

»Ich habe vom Gebüsch aus gehört, wie du gesagt hast, woran du diese drei …« – an dieser Stelle räusperte er sich – »… diese drei Jugendlichen wieder erkannt hast. Bleibst du bei deiner Aussage?«

Mit einem Ausdruck bemitleidenswerter Hilflosigkeit wandte sich Patrick seiner Mutter zu, worauf diese heftig nickte: Natürlich bleibst du dabei, du hast doch nicht gelogen!

Also nickte Patrick auch, wenn auch eher zögerlich verschämt.

»Na, dann zeigt euch mal!«

Diesen Satz rief der Polizist den drei »schwarzen Gestalten« zu, die immer noch breitbeinig, mit den Händen am Brückengeländer, dastanden.

Daraufhin richteten sie sich auf und nahmen die Pudelmützen-Bankräuber-Masken ab, unter denen sie ihre Gesichter verborgen hatten.

»Pelle!«, rief jemand.

»José!«, brüllte jemand anders.

Und Manuela und Anna-Maria flüsterten wie aus einem Munde: »Gameboy-Benny!«

»So«, stellte der Polizist trocken fest, »das sollen also die drei gefährlichen Jugendlichen sein, die den armen Patrick überfallen haben.«

»Was wollen Sie damit sagen!«, zischte Frau Winter ihn an. »Wollen Sie etwa behaupten, Patrick hätte gelogen? Sehen Sie sich doch nur mal die Muskeln der Kerle an. Das sind doch Schläger!«

»Zeigt Frau Winter mal eure Muskeln!«, wies der Beamte die drei an – und so trocken er das auch sagte, wer ihn genauer betrachtete, konnte nicht übersehen, dass er mühsam ein Lachen unterdrückte.

Pelle, José und Benny zogen sich die schwarzen Pullis über die Köpfe und die Versammlung lachte los. Auch die Eltern – von Patricks Mutter mal abgesehen. Denn unter den Pullis kamen

keine Muskeln, sondern die Schulter- und Armschützer von Eishockeyspielern zum Vorschein, mit denen sich die drei ausgepolstert hatten.

»In diese Verkleidung sind die Jungs in meinem Beisein geschlüpft und die kleinen Auffälligkeiten, die Patrick wieder erkannt haben will, habe ich zusammen mit Herrn Pomeriggio ausgewählt: Der grüne Button und die verschiedenfarbigen Schnürsenkel waren seine Idee und das Halstuch gehört mir.«

In dem allgemeinen »Das gibt's doch nicht! Da kann man mal sehen! Nee, so was!« ging beinahe unter, was der Polizist daraufhin Patrick fragte: »Also, Patrick, bleibst du bei deiner Aussage?«

»Du sagst nichts ohne unseren Anwalt!«, fuhr seine Mutter dazwischen, aber Patrick sagte leise: »Lass nur, Mama. Er hat ja Recht. Ich bin nicht überfallen worden.«

»Nicht überfallen?« Als flögen plötzlich meterweit ansteckende Bakterien aus dem Mund ihres Sohnes, wich Frau Winter von ihm zurück. »Nicht überfallen? Aber dann hast du ja...«

»Alles erfunden. Ja, das hab ich. Ich bin nur hingefallen und...«

»Du hattest schon während des ganzen Schulwegs überlegt, wie du die Hausaufgabenkontrolle umgehen könntest, stimmt's?«

Die Frage kam von Kommissar Spaghetti.

»Ja«, gab Patrick unumwunden zu. »Und außerdem ...«

»Gibst du ganz gern mal an!«

Das hatte Kathrin gerufen, und weil sie ihn dabei so unverfroren angrinste, grinste Patrick unverfroren zurück und sagte laut und deutlich: »Klar geb ich ganz gern mal an – du etwa nicht?«

Jetzt hatte Patrick die Lacher auf seiner Seite und diese ungewöhnliche Versammlung hätte sich womöglich – mitsamt der Anklage auf Irreführung der Polizei – in Wohlgefallen aufgelöst, wenn Kommissar Spaghetti nicht aus seiner erhöhten Position eine Beobachtung gemacht hätte, auf die er unverzüglich mit einem lauten »Halt! Isabell! Komm doch mal her!« reagierte. Denn die kleine Isabell Blücker hatte ihre Oma an der Hand gepackt und war im Begriff, in aller Stille den Ort des Geschehens zu verlassen.

»Komm nur her! Ich beiße nicht!«

Alle drehten sich um und durch die Gasse, die sich wie von selbst in der Menschenansammlung bildete, schlich die kleine Fünftklässlerin – mit gesenktem Kopf und ihrer Oma im Schlepptau.

»Nun Isabell, haben dich auch diese drei bösen Buben überfallen?«

Isabell schien im Erdboden versinken zu wollen. Ihre Mundwinkel zuckten.

Giacomo reichte ihr ein Papiertaschentuch und wartete ab, bis sie sich geschnäuzt hatte. Dann fragte er sie leise und beinahe zärtlich: »Niemand hat dich überfallen, gell?«

Isabell nickte kaum merklich.

»Was hast du dir denn für die drei Mark gekauft?«

»Kuchen«, hauchte es zurück und dann schluchzte die Kleine los, als wollte sie den Untergang des Abendlandes beweinen.

»Is ja gut!«, brummte der lange Italiener und reichte ihr das zweite Taschentuch. »Ich denke, die Sache ist erledigt – genauso wie der Fall Patrick Winter. Oder? Was meinen Sie dazu, Herr Wachtmeister?«

Der Beamte zog die Mundwinkel nach unten und die Stirn in Falten. »Also, das muss ich mir noch mal überlegen.«

»Könnte Ihnen irgendetwas oder irgendjemand bei dieser Überlegung helfen?«, schob Giacomo nach.

»Ja ... vielleicht ... irgendjemand ...«

»Und? Wer?«

Die Augen des Polizisten suchten in der Menge nach einer kleinen, etwa fünfzigjährigen Person.

Und als er sie gefunden hatten, sagte der Mund des Polizisten – mit weit nach oben gezogenen Mundwinkeln: »Wenn Sie sich bei mir entschuldigen würden, dann könnte ich so manches vergessen.«

»O ja! Entschuldigen! Entschuldigen! Bei mir auch! Bei mir auch!«, riefen von allen Seiten schadenfrohe Kinderstimmen.

Darauf hätte Frau Nothnagel nie und nimmer reagiert. Was sie umstimmte, war Frau Winters Blick – eine Arztfrau, vielleicht brauche ich ja einmal die Hilfe ihres Mannes, schien die Falte auf Frau Nothnagels Stirn zu bedeuten, und sie gab sich einen Ruck und murmelte: »Entschuldigung!«

Niemand hatte es gehört, dafür hatte sie zu leise gesprochen. Aber alle hatten es gesehen – und verstanden.

José brüllte als Erster »Bravo!« und dann stimmten alle in den Jubel ein. Seltsam, wo doch die meisten Schüler Patrick Winter eine saftige Strafe gönnten; oder ging es jetzt gar nicht mehr um Angeber Patrick?

In das Gejohle hob Kommissar Spaghetti beide Hände und sofort wurde es still.

»Auch ich nehme an Ihre warme Entschuldigunge, verirrte Signora Nothenagel«, wandte er sich an seine zerknirschte Chefin. »Denn Sie haben mich – ebenso wie manche Vater oder Mutter in diese Kreise es getan haben – von Anfang an in eine unbandige Wut getriebe mit Ihre Vorurteile und hysterische Panikmache: Glatzen und grüne Haare, kleine Ausländer und große Gangster, Gaspistolen und Schutzztruppen – wo bleibt da Ihre kritische Verstand, meine Damen und Herren Lehrerinnen und Eltern? Haben Sie ihn in die Müll von die Fernsehbilder in Ihre Kopf geworfen? – Nein? Haben Sie nicht? Sie wissen schließlich, dass die Welt wird immer gewaltiger? O ja, das weiß auch ich. Aber meinen Sie, Gewalt wird weniger mit Gewalt? Meinen Sie das? Dann kaufen Sie Ihre Kinder doch gleich eine Maschinengewehr. Absolut sicher. Absolut tödlich. Absolut gut.«

Mit diesen ungewohnt ernsten Worten nahm der lange Italiener die kleine Isabell Blücker an die Hand, um zusammen mit ihr und ihrer Oma den Kreis schweigender Eltern, Lehrer und Schüler zu verlassen, der mittlerweile die ganze Fahrbahn ausfüllte. Wie von selbst öffnete sich für die drei eine Gasse und schweigend löste sich die Versammlung auf.

Nur zwei Menschen blieben auf der Brücke zurück, und diese beiden Menschen lächelten sich zaghaft an: Kathrin und José.

Von Wolfgang Pauls sind bei dtv junior außerdem lieferbar:

Ein Versteck für den Fischotter
dtv junior 70166

Kommissar Spaghetti und der Kaugummiteufel
dtv junior 70563

Kommissar Spaghetti und die Doping-Falle
dtv junior 70565

Kommissar Spaghetti und das Schwein im Lehrerzimmer
dtv junior 70476

Kommissar Spaghetti und der Fernsehkiller
dtv junior 70477

Kommissar Spaghetti und die steinharten Pausenbrote
dtv junior 70478

Kommissar Spaghetti und die Muskelmonster
dtv junior 70479

Kommissar Spaghetti und der Computertrick
dtv junior 70513

Kommissar Spaghetti und der Känguru-Wahnsinn
dtv junior 70514

Kommissar Spaghetti und das Käsegift
dtv junior 70580

Tina Tortellini und Charly Gummitwist
dtv junior 70529

Tina Tortellini und der Ferienschreck
dtv junior 70530

Tina Tortellini und das verhexte Schulfest
dtv junior 70531

Tina Tortellini und der fliegende Reporter
dtv junior 70559

Tina Tortellini und das Hexenfest
dtv junior 70577

Klarer Fall?!
Krimis für Kinder

Band 70506 Ab 9

Im Detektivbüro von Kalle Bohne und Gitta Gurke laufen die Telefone heiß: Ständig werden die beiden Profis zu neuen Fällen gerufen: Die verflixte Kasimodo-Bande ist in der Stadt! Marco Polo ist weg! Frau Moll sieht Gespenster! Das jähe Ende der Margeritha Konolli! Der große Unbekannte …
Die Gauner arbeiten mit allen Tricks – wer hilft Gitta und Kalle die Fälle zu knacken?

Band 70508 Ab 10

Katastrophe im Kinderzimmer: Stoffesel Johnny ist sehr, sehr tot aufgefunden worden! Logisch, dass Spürnase Bogey, seines Zeichens megacooler Stoffhund-Detektiv, alles dransetzt den Täter zu finden.
Ein Kinderkrimi der besonderen Art: spannend, witzig und mit vielen Cartoons.